行為主体性の進化

生物はいかに「意思」を獲得したのか

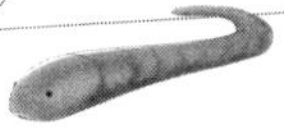

THE EVOLUTION OF AGENCY
Behavioral Organization from Lizards to Humans
by Michael Tomasello

マイケル・トマセロ
高橋洋 訳

白揚社

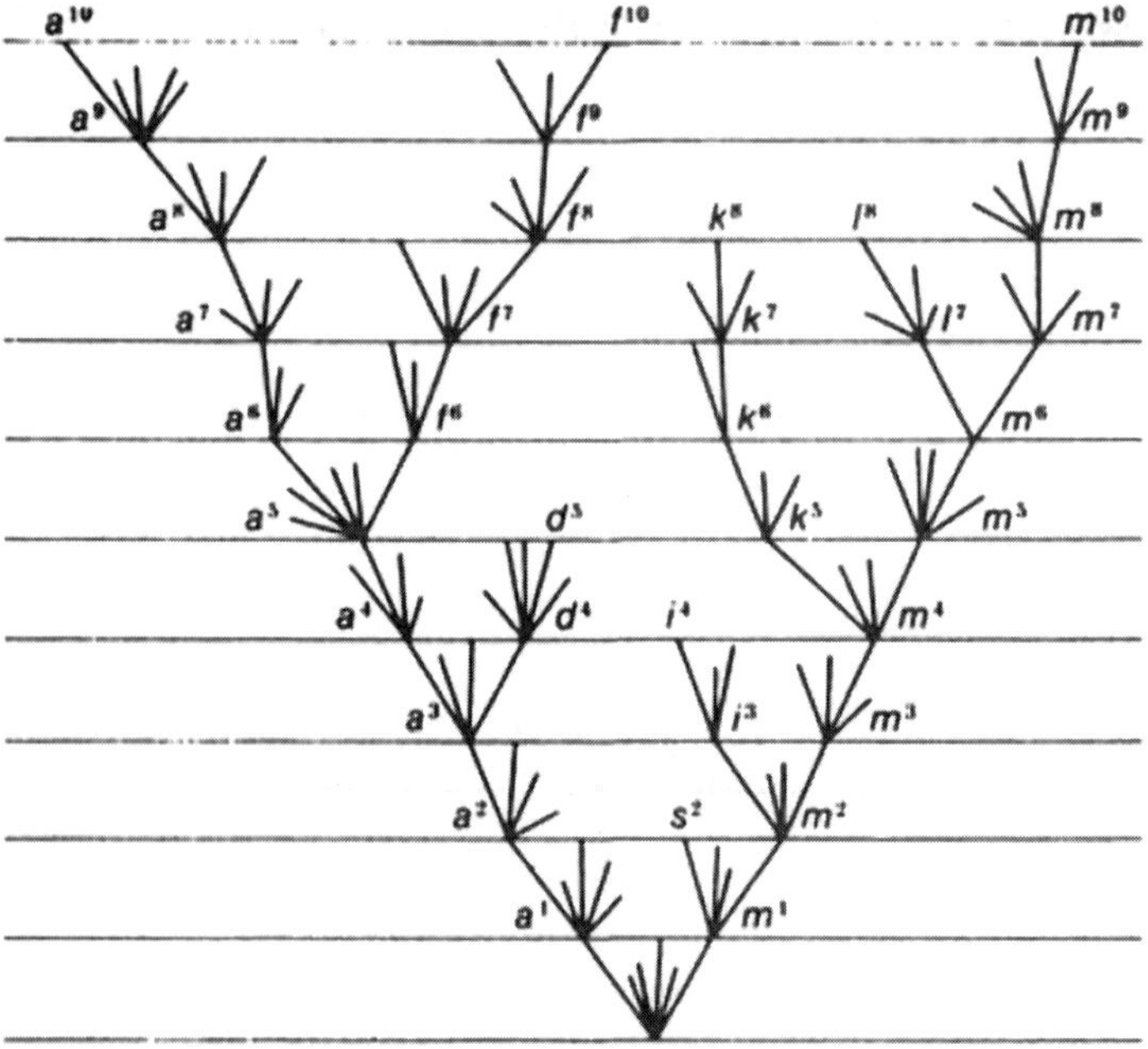

a^{10} f^{10} m^{10}
a^9 f^9 m^9
a^8 f^8 k^8 l^8 m^8
a^7 f^7 k^7 l^7 m^7
a^6 f^6 k^6 m^6
a^5 d^5 k^5 m^5
a^4 d^4 i^4 m^4
a^3 i^3 m^3
a^2 s^2 m^2
a^1 m^1

行為主体性の進化　目次

［ ］は著者による補足、〔 〕は訳者による訳注。

本文中の引用について、既訳書の訳文を使用した場合は出典を付した。それ以外は訳者による翻訳。

なお本文中に記されていた参考文献については、著者の許諾を得て、注番号を振って巻末の原注にまとめた。

第1章　はじめに

遠い将来を見通すと、（……）心理学は新たな基盤の上に築かれることになるだろう。それは、個々の心理的能力や可能性は少しずつ必然的に獲得されたとされる基盤である。

――チャールズ・ダーウィン『種の起源』（渡辺政隆訳、光文社）

霊長類や他の哺乳類は、昆虫のようなより小さな生物より「知的」であるように思える。しかし、この印象に明確な根拠はない。行動の複雑さの相違によるものでないことに間違いはなかろう。塚を築くアリ、巣を張るクモ、あるいは蜜の在りかを巣の仲間に伝えるミツバチの行動は、霊長類や他の哺乳類が取りうるいかなる行動にも匹敵するほど、あるいはそれ以上に複雑なのだから。

違いは行動の複雑さではなくその制御《コントロール》〔以下「control」は「フィードバック制御」や「認知制御」のような既存の熟語がある場合を除きコントロールと訳す〕にある。アリやクモやミツバチの行動は、それがいかに複雑なものであっても、個体がコントロールしているようには見えない。実のところ、進化した生物学的機制《バイオロジー》が個体をコントロールしているのである。それとは対照的に、霊長類や他の哺乳類は比較的単純な行動を取っている場合でも、少なくともある程度は個体のコントロールのもとで、情報に基づく決定を能動的に下しているように思われる。また進化したバイオロジーに加え、個体レベルの行為主体〔「agency」「agent」の訳で、本書のもっとも重要なキーワードである。自分で主体的、能動的に行動する能力（行為主体性）、またその能力を備えた実体（行為主体）をいう〕としての心理的機制《サイコロジー》〔以下、単純に「心理」と訳す〕を備えている。

個体レベルの行為主体であることは、その個体が完全にバイオロジーから自由でいられることを意味するわけではなく、つねにその生物は進化を通じて獲得した能力の範囲内で行動している。一例をあげよう。明らかにリスは、木の実を隠して蓄えるべく何らかの方法であらかじめプログラムされている。しかし時と場所によって要件がその都度変わるので、生物学的に行動をあらかじめ細かくプログラムしておくことは不可能だ。だからリスの個体は、行為主体として現状を評価し、木の実を隠匿する決定を自ら下さねばならない。多くの生物〔「organism」は基本的に「生物」と訳すが、それより細かな単位を指していることが明らかな場合は「組織」とした〕にとって、そのような決定を下すことに対する自由度はごく限られている――また行動領域によっても異なりうる。とはいえ限られたものではあれ、通常行動の自由は存在し、その範囲内でいかに行動するかを決定しているのは個体レベルの行為主体なのである。

動物の行動にせよ人間の行動にせよ、それらを扱う進化生物学的アプローチには、経緯は置くとしても、個体レベルの行為主体性を無視する傾向があった。おそらく行為主体性という概念は、実際には何一つ説明しない小人《ホムンクルス》の亡霊を呼び起こすからなのかもしれない。しかし生物学者自身も一世紀前に、生命一般を説明するという触れ込みのエラン・ヴィタールという概念が提唱されたとき、似たような問題に直面したことがあった。しかしやがて、生物は生気を与える物質や実体ではなく、特殊なタイプの化学的組織によって非生物から区別されることが判明する。それとの類推で言えば、行為主体的存在は行為主体的な物質や実体ではなく、特殊なタイプの行動組織によって非行為主体的存在から区別されると言えるだろう。その行動組織とは、フィードバック制御組織のことであり、個体はこの組織のもとで、情報に基づく意思決定や、自己の行動の監視によって、行動プロセスをコントロールし、さらには自己調節することで、特定の目標《ゴール》に向けて自己の行動――その多くは生物学的に進化したものだ――を導いていく。かくして生物種のバイオロジーが、個体の心理によって補完されるのである。

　行為主体はなぜ、そしていかなる経緯を経て進化したのか？（特定の行動領域において）生物によってその進化の度合いに違いがあるのはなぜか？　以上の問いを考察するにあたり、次のような仮説を立てることができる。生物が生息する生態的地位《ニッチ》は、生得的な知覚と行動の結びつきが効率的に機能するには、時間的にも空間的にもあまりにも大きく変化し、予測不可能なものになりうる。だから自然は、そのような予測不可能性に直面したとき、――わかりやすく説明するために、自然選択による進化を擬人化して表現すると[1]――「現場」にいる者に、当面の局所的な状況を評価させ、最善の行動指針を決定させなければならなかった。かくして、行為主体の基盤をなす心理が進化し、それによって個体はいくつかの重要な状況のもとで、最善の判断に基づいて次になすべき行動を独力で決定することができるようになった。このような活動様式は、現存する大多数の動物種を特徴づける、太古の時代以来の組織構造に依拠しているのであり、アリやクモやミツバチでさえ、高度に制約されたものではあるにせよ、個体としてわずかながらも何らかの決定を下していると私は考えている。

したがって行為主体性とは、生物によるさまざまな行動——アリ塚の構築から木の実の隠匿に至る——に関するものではなく、生物がそれを実行するあり方に関するものなのである。行為主体として行動する個体は、自己の行動を、その具体的な内容に関係なく管理しコントロールする。ここでの科学的な課題は、個々の管理やコントロールを可能にしている、基盤となる心理組織を特定することにある。この課題への取り組みは、進化心理学の通常の見方を反転させた、写真のネガのようなものを生む。つまり通常は焦点を置かれている要素（適応による生物種の特殊化）を背景に追いやり、通常は背景に追いやられている要素（個体レベルの行為主体性）に焦点を絞るのだ。とりわけ人間の行為主体性を最終的に解明するためには——それが私の望みである——、高度に制約されたわずかな決定を行なうだけの生物から、何をなすべきかをつねに独力で決定する生物に至る、行為主体的な行動組織の進化の段階を跡づけていくことが必要になる。とはいえ、意外に思えるかもしれないが、そのような段階は数えるほどしかない。

動物心理に対する進化生物学的アプローチ

チャールズ・ダーウィンは、最初から行動に関心を寄せていた。彼が観察したガラパゴス島のフィンチのくちばしの形状や大きさが多様である（唯一の）理由は、食物を採取するためにさまざまな行動を取らねばならなかったからだ。ダーウィンは折に触れて、イヌ、ネコ、ミミズ、ロンドン動物園で飼育されていたジェニーという名のオランウータン、フジツボ、自分の第一子、さらにはつる植物さえ対象に、その行動を研究していた。その際つねに、基盤をなす心理を考慮し、「変化をともなう系統」を介した連続性という概念を擁護した（本章冒頭の引用を参照されたい）。また彼は、個体レベルの行為主体性が行動の進化に必要な変化をもたらし、そのプロセスにおいて重要な役割を果たしていると主張した。[2] とはいえ当時は、動物行動の研究のための組織化された科学的枠組み《パラダイム》が存在しなかったので、行動に対する彼の関心は実証的な研究に至らなかった。

ダーウィンの当初の見方に合致する実証的な研究プログラムは、二〇世紀半ばになるまで現れなかった。コンラート・ローレンツ、ニコ・ティンバーゲン、カール・フォン・フリッシュは、特定の動物種が進化によって獲得した（生得的な）行動に着目する、動物行動学と呼ばれる学問分野を確立した。動物の行動は生理機能と同様、特定の生態的ニッチへの適応として進化したというのが、彼らの基本的な主張である。たとえばハイイロガンの母鳥は、巣からはみ出した卵（実験ではゴルフボール）を、転がしながら巣に戻すための生得的な行動を進化させ、トゲウオは、仲間の身体における特定の部位の色に反応して攻撃的な行動を取るよう進化したのだ。E・O・ウィルソンは著書『社会生物学』（一九七五年）(3)で、このアプローチを社会的行動に拡張し、とりわけアリやミツバチなどの真社会性昆虫の高度に複雑化した社会的行動を研究対象に含めた。だが彼らの枠組みには、――彼ら自身それを「行動のバイオロジー」と呼んでいたことからわかるように、その設計上――心理が含まれておらず、個体レベルの行為主体性に対する関心がほとんど見られなかった。

　動物行動学は過去数十年間、それとは別のさまざまな名称のもとで発展してきた。現在では行動生物学、あるいは行動生態学と呼ばれている分野へと基本的に変化していったのだ。古典的な動物行動学と同様、それらの新たな学問分野も、心理それ自体には関心を示さない（たいてい生物学部に属している）。そして動物の行動のみに、しかも行動が遺伝的適応度に影響するあり方のみに着目する。たとえば最適な捕食行動〔「捕食」は「forage」の訳。動物が他の動物をエサにする場合のみならず昆虫や植物を採取する場合も含める。採餌ともいう。また人類が対象になる場合に限っては「狩猟採集」とした〕に関するモデルのなかで意思決定プロセスに言及することはあるが、個体によってコントロールされる心理メカニズムとしてではなく、適応度利得（たとえばカロリーの摂取）を最大化し、適応コスト（たとえばエネルギー消費）を最小化する方向で行動を形成する自然選択の方法としてそれを概念化している。その種の分析でも、心理や行為主体性を意味しうる「選択」や「戦略」のような用語が使われてはいるものの、行動に寄与する進化や遺伝のプロセスの言い換えとして言及されているにすぎない。

　行動生物学者や行動生態学者は行動を生む心理メカニズムにたいてい関心を抱いていないが、心理学者は抱いている。動物の行動を実証的に研究する最初の系統的なプログラムを実施していた心理学者は、行動主義者であった。彼らは、動物行動学者が登場する以前の二〇世紀前半から（動物心理に対する既存の哲学的なアプローチに手を加えることで）活動していた。行動主義者は、一つか二つの動物種（最初はラットで次にハト）を対象にし、たった一つの要素、すなわち学習に焦点を絞って研究していた。彼らは進化心理学者ではなく、生態的な環境が課す問題も、特定の動物が進化によって獲得した行動能力も――さらには進化した能力が、いかにその動物の学習を構造化しているのかについても――考慮に入れず、概して生得性に関する動物行動学者の主張に疑念を抱いていた[4]。また行動主義者は認知心理学者でもなく、動物の行動の分析において、いかなるものであれ「内的な状態」に言及することを明らかに避けていた（ただし、ある時点から連合学習に対する記憶能力の関与を認めるようにはなったが）。こうして行動主義は、動物の行動の研究において進化や認知に関する最新の知見の取り入れを頑なに拒んだ結果、二〇世紀後半に終焉を迎えたのだ。とはいえ行動主義の枠組みの無駄な残滓、とりわけ刺激を受動的に受け取りそれに反応する存在として生物をとらえる見方は、心理研究のさまざまな分野に現在でも残っている。

行動主義のもう一つの無駄な残滓として、生まれか育ちかの議論をあげることができる。生物が行動を生み出す心理メカニズムに着目すれば、生まれか育ちかの議論は的外れであることがわかる。問われるべきは、何かが生得的なものなのか、それとも学習されたものなのかではなく、その何かが個体によってどの程度コントロールされているかなのである。したがってある生物が糖分を好むべく遺伝的に定められていたとしても、行為主体の視点からすれば、糖分に対する好みは、遭遇したあらゆる糖分を摂取するようその生物を仕向けているのか、それともその生物が何を摂取すべきかを決定する際の、数ある要因のうちの一つにすぎないのかが問われるべきなのだ。認知という点では、限られた状況のもとでたった一種類の道具しか用いることのできない動物もいれば、さまざまな状況のもとで種々の道具——それには実験で与えられる未知の道具も含まれる——を柔軟に使い分け、必要なら状況に応じて道具を製作することさえできるチンパンジーのような動物もいる。個体による判断や意思決定に依拠する、その種の柔軟な行動は、必ずしも学習が関与しているわけではない。たとえばチンパンジーは、初めて手にした道具を柔軟に使いこなすことができる。むしろそのような行動の柔軟性は、私が行為主体と呼ぶ特定の種類の行動組織に由来する。

生まれか育ちかの議論は、行動主義者がミクロなレベルにおける細かな刺激や反応に焦点を絞っているという不自然さに気づけば、さらに疑わしくなる。ほとんどの生物の行動は複数の階層で同時に心理的に生じるのであり――たとえば捕食においては、飢えを満たすこと、獲物を見つけること、特定の場所に移動すること、一定の様態で四肢を動かすことが、複数のレベルで同時に生じる――、個体レベルの行為主体によるコントロールを受ける程度は階層によって異なる。生物の行動は、新たな目標が、ある程度自然によって生得的に定められることでおもに進化する（たとえば新たな食物に対する好みが進化するなど）とはいえ、そのような目標を行動によって達成するための方法は（与えられた認知能力や行動能力に依拠しつつ）独力で発見するよう各個体に委ねられている。このようなとらえ方では、――同一の活動を対象にしても――生物種のレベルでの遺伝的な構造と、個体レベルでの心理的行為主体性の両方が重要な役割を果たしていることを考慮に入れる。

一九七〇年代後半から一九八〇年代前半にかけて、動物の行動の研究者の多くは、認知革命に加わった。一九九〇年代に入ると、『動物の認知（*Animal Cognition*）』と題する専門誌が刊行され、認知心理学や発達心理学などの人間を対象とする認知科学の理論や方法をおもに用いた、さまざまな動物の研究が発表された。この新たに誕生した分野では、空間認知、対象概念やカテゴリー、因果性の理解、量の理解、社会的認知（心の理論）、社会的学習（模倣）、コミュニケーション、協働、さらには記憶や問題解決のようないわゆる水平的思考のスキルなどに関するトピックが取り上げられた。それらの現象を研究するときに、動物の認知の研究者たちが着目したのは、たいてい個体がある程度コントロールしている現象だった。かくしてコールと私は、霊長類の認知に関する研究や理論を総括して、クモの巣の構築のような行動は複雑で興味深いものの、クモの個体が柔軟にコントロールしているわけではほぼないため、心理的なものではないと明言したのである。[5] このように行為主体という概念は、ある意味で行動に対する生物学的なアプローチと心理学的なアプローチを分かつ境界を反映している。いわば「自然によって設計されコントロールされる複雑な行動」と「少なくともある程度は個体レベルの心理的行為主体によって設計されコントロールされる複雑な行動」を区別するのだ。

　動物の認知の研究は、たいてい特定の動物が備えるさまざまな認知スキルに焦点を絞っており、個体による意思決定や行動制御を調査した研究ははるかに少ない。意思決定に関して言えば、人間以外でも、人間と同じいくつかの意思決定プロセスを行使する霊長類が存在するという見方が確立されてきた。それには、遅延割引〔報酬を手にするまでの遅延に応じて、その価値を低く見積もる認知バイアス〕や損失回避などといった、人間の意思決定を研究する科学者が見出した「非合理的な」バイアスの多くが含まれる。[6] また一部の研究では、生物種間で意思決定の様式に差異をもたらす生態的な圧力も特定されてきた。[7] 行動制御に関しても、人間と同じ実行機能のプロセスを行使する、人間以外の霊長類が存在することが示され、それに相関する多くの生態的な要因が特定されてきた。[8] だがそれらの研究は、個体が備える意思決定や行動制御の能力の進化に関する系統的な理論的説明を依然として欠いていた。つまり、いかなるタイプの心理構造によって生じたどのようなタイプの意思決定や行動制御の能力が、いかなるタイプの生態的な条件のもとで進化し、個体による意思決定を可能にしたのかに関する説明を欠いていたのである。この説明は、太古の生物から現存する生物に至る進化の道筋に沿って、個体の意思決定の進化を跡づけるものになるのが理想だ。

人間の心理に対する進化的なアプローチ

ダーウィンの『人間の由来』(一八七一年)が刊行されて以来、人間の行動や心理に関する進化生物学的な説明は、科学者と一般人の双方から批判されてきた。人間の社会的行動における進化生物学的な基盤を論じる、一九七五年に刊行されたE・O・ウィルソンの著書の最終章には、とりわけ激しい抗議が寄せられた。この抗議はさまざまな懸念に基づいていたが、そのなかでも最大の懸念は、「進化生物学的な説明は生物学的(遺伝的)な決定論と何ら変わりがなく、個人には自己の行動に対する責任がないことを示唆する」というものだった。そのような懸念は、「〈利己的な遺伝子〉が真の因果的行為主体であり、生物はその〈乗り物〉として行動しているにすぎない」という主旨の、リチャード・ドーキンスら[9]の議論によってさらに高まった[10]。

しかし、科学が自らの歩みを止めることはない。現在では、人間の行動生態学と呼ばれる科学的枠組みがある。それは、(たいていは)小さな伝統社会で暮らす人々が、いかに生活し子孫を生んでいるのかを研究する分野で、おもに人類学者によって活発に実践されている[11]。この枠組みは、一般的な行動生態学のアプローチと同様、遺伝的な側面を含む進化生物学的な基盤に焦点を置き、心理それ自体には特に関心を持たない。そのような状況のもとで、ジョン・トゥービーとレダ・コスミデスは、もっぱら心理に焦点を絞り、人間の進化心理学の研究プログラムを創設したのである。[12] 二人の主張によれば、脳は、多くの主流心理学者が想定しているような、汎用的な学習装置や計算装置ではない。進化は汎用的なメカニズムではなく、生態系が課す特定の課題に対して特定の機能的な解決手段を生むメカニズムなのである。かくして人間の心理は、特定の領域に限定され特殊化した複数の計算的メカニズムから成り、そのそれぞれがスイス・アーミーナイフを構成するおのおの機能の異なる刃のごとく、特定の適応問題を解決するべく進化したのだ。したがってつがいの相手の探索や選択は、食物の探索や選択とはまったく異なる心理プロセスに基づいてなされる。進化心理学における研究のほとんどは、人類がもっぱら狩猟採集生活を送っていた旧石器時代にヒト属のあいだで進化した、生殖相手の選択、親族の識別、不正の発見などといった生存や生殖に直接関わるメカニズムに焦点を絞ってきた。したがってこの説明は、人間以外の動物まで系統的にさかのぼって拡張されることがなかった。また、進化心理学は人間の行動や認知のさまざまな要因を考慮に入れてはいるものの、おもに生物学的な要因に焦点を絞っている。そのために人間の心理の文化的な側面が無視され、過度な遺伝的決定論を擁護するために利用されてきた。

人間の心理の文化的な側面を説明する試みのなかで、ピーター・リチャーソンとロバート・ボイドは、人間の行動と心理の共進化モデルを提起した[13]。このモデルによれば、個人は遺伝子と文化的な環境の両方を受け継ぎ、そこでは特定の文化的な環境に遺伝的に適応した個人が、(たとえば強い「社会的直観」や社会的学習の能力を備えることで)最善の結果を残すというフィードバックループが作用する。この共進化による説明は、そのプロセスに文化が組み込まれているため、とりわけ人間の行動や心理の進化を探究するにあたって、進化心理学より豊かな出発点を提供してくれる。とはいえ共進化モデルは、ヒト以外の動物まで系統的にさかのぼり、いかに人間の行動や心理が他の動物から「段階的に」進化してきたのかを特定しようとしてこなかったという点では、進化心理学と変わらない。それに関して言えば、私と同僚が行なった研究[14]は、少なくとも大型類人猿の段階にまでさかのぼり、ヒトがどのように進化して、日常生活で中心的な役割を果たしている文化的な能力を生み出し獲得してきたかを解明しようとする試みとしてとらえられるかもしれない。

人間の行動や心理に関する以上の進化生物学的なアプローチはすべて、個人の行為主体性を否定していない。確かにそれらのアプローチは、進化した認知や動機づけのメカニズムを介して人間が外界と相互作用するという点――そしてそれらが多かれ少なかれ人間が行なう選択に影響を及ぼしているという点――を強調してはいるものの、何人かの批評家が指摘しているような、「個人には自己の行動に対する責任がない」と示唆する遺伝的決定論はそこには見出せない。とはいえ、それらのアプローチはいずれも個人レベルの行為主体の持つ心理に特に焦点を絞っているわけではない。人間の意思決定に関する心理研究には、そのような進化生物学的アプローチの不備を補ってくれる可能性がある。ところが、そのような心理研究の大半は、人間の意思決定が規範的な合理性を備えているのか、それとも非合理的なバイアスの影響を受けているのかに着目している。[15] それより的を射た成果は、ゲルト・ギゲレンツァーらの研究だ。[16] それによると、人間が実際に意思決定を下すあり方や、いわゆる非合理的なバイアスは、進化的な適応である可能性が非常に高く、個人がリスクや不確実性に対処しやすいように助けている（あるいはかつて助けた）のだ。人間が備える実行機能や認知制御の能力に関する研究も関連性があり重要ではあるが、[17] 現時点では人間と他の動物を比較する研究はほとんどない。

ここで私が言いたいのは、人間の意思決定や行動制御の起源を動物の進化の歴史に深く分け入って追跡する系統的な試みが、これまでまったくなされてこなかったという点である。人間の行為主体性の進化的な起源を系統的に説明するためには、霊長類以前の人類の祖先にその出発点を見出す必要がある。また、意思決定や行動制御のプロセスを、より本源的な目標指向型行動プロセスへと統合する理論的説明も必要になる。現生人類が出現する以前の長い進化の歴史に着目すれば、人間の心理をタマネギのように層状化したものとして見ることができるようになる。このタマネギ構造においては、あらゆる行為主体的生物によってその基盤をなすプロセスが共有され、それより外側の層に備わるプロセスは人類、他の哺乳類、霊長類のみによって共有され、もっとも外側に位置するプロセスは、目のくらむような複雑さを持つ、人間独自の心理のみに備わっている。方法論的な観点からすれば、人間の成人を対象にした研究では、人間の心理に存在する太古の各層の機能を見通すことは、困難、もしくは不可能である。なぜなら、それら内部の層は、文化や言語や自己意識の奥深くに埋もれているからだ。したがって、人類の太古の祖先の代理として、比較的単純な生物の単純な心理を観察することから始めるのが妥当であろう。アリストテレスは『政治学』のなかで、「ものごとをその最初の成長と起源に照らして考察する人は、（……）それに関して明察を得ることができるだろう」と述べている。

本書の目標

本書の目標は、人間の心理的行為主体性が進化した道筋を再構築することにある。動物全般を対象にすると行動適応の数と種類は膨大なものになるが、個体レベルの行為主体が行動に関する意思決定を管理コントロールするための心理メカニズムの数は限られている。最初期の細菌《バクテリア》などの人類の太古の祖先は、心理的行為主体ではまったくない。それらの生物の行動は何らかの目標に向けられてもいなければ、個体がコントロールしているわけでもないからだ。また行為主体的な生物でも、鳥類やミツバチのような生物は人類に至る進化の系統からはずれており、したがって本書では考慮しない。人類に至る系統に着目すると、人類の重要な祖先を代表する四つの分類群において、四つの主要なタイプの心理的行為主体――個体レベルでの意思決定と行動制御を可能にする組織構造の四つの型——を見出すことができる。進化の歴史のなかで出現した順序に従うと、それらは太古の脊椎動物の目標指向的行為主体、太古の哺乳類の意図的行為主体、太古の大型類人猿の合理的行為主体、太古の人類の社会規範的行為主体の四つから成る。

この進化の歴史を再構築するためには、行為主体の組織構造を説明する、理論的に一貫し広く適用可能なモデルをまず考案する必要がある。それには、単純な形態から複雑な形態へと進化する際につけ加えられたり、変化したりしなければならない、必須の要素を特定することも含まれる。それゆえ本書の第二の目標は、適切な修正を施せば人類のもっとも古い祖先から現生人類に至るさまざまな動物の行動に対して広範に適用できる、単純ながら包括的な行為主体のモデルを提起することにある。そのようなモデルには、任意の動物種の個体が、必要な行動決定を下し、加えてそのプロセスを経時的に自己調節するために必要とされる知覚能力や認知能力が必然的に含まれるはずだ。行為主体性とは、単なる特殊化した行動や認知のスキルではなく、個体が自己の行動を策定し実行するための基盤となる、もっとも一般的な組織的枠組みなのである。よって人間の行為主体性の進化的な起源の探究は、人間の心理組織一般の進化的な説明と何ら変わらないものになるだろう。そのような説明を構築するためには、既存の進化心理学の理論を、拡大すると同時に深める必要がある。

第2章　行為主体のフィードバック制御モデル

自然選択とは、いかにさまざまな形態が適応を遂げるか、つまり疑似的な目的に支配されているのかに関する理論である。それは目標を達成するための効率的な装置なのだ。

——チャールズ・サンダース・パース『著作集』

いかなる動物も、生存や生殖の可能性を高める自発的な動作を含め、さまざまな身体的な活動を行なう。いかなる生物も、それらの活動によって進化の過程で「適応的行為主体」になると言う研究者もいる[1]。生物に関するこの見方は、ミクロのレベルのプロセスに焦点が置かれがちな、進化の本質に関する昨今の議論のなかで非常に貴重なものである。とはいえ行為主体に対するこのアプローチは、現在の目的からすると大雑把すぎると同時に生物学的側面に限定されすぎている[2]。本書の焦点は、心理的行為主体性と呼ぶべき、より包括的な概念に置かれている。

心理的行為主体として行動するためには、行動を生み出す基盤となる心理的プロセスが特定のあり方で組織化される必要がある。行為主体は単に刺激に反応するのではなく、特定の目標に向けて、それに関連する状況に注意を払いつつ能動的に行動を管理する（また計画しさえする）。また、射撃のように単に目標に向けて「狙いすまして撃つ」のではなく、絶えず変化する流動的な状況のもとで、いかなる行動が最善の結果を生むかに関して、その都度情報に基づく決定を下すことで自己の行動を柔軟にコントロールする（あるいは実行機能によって自己調節しさえする）。方法論的には、心理的行為主体の存在を示す主たる証拠は、とりわけ未知の状況下での、個体の「行動の柔軟性」に見出すことができる（動物の認知に関する最近の研究におけるこの概念の重要性については、リーらの論文を参照されたい[3]）。行動の柔軟性とは、その生物個体が、未知の状況がもたらす課題に対処するために、その場で新たな解決手段を見つけ出せることをいう。

　人類に至る進化の途上で生まれたさまざまな形態の心理的行為主体を再構築するという本書の目標を達成するためには、まず三つの作業を行なわねばならない。第一の作業は次のとおりである。いくつかの形態の行為主体を厳密に特徴づけるために、行為主体の組織構造の記述に用いることのできる、互いに統合化された一連の理論的なツールを考案する必要がある。行動生態学の理論的なツールは、この課題にはふさわしくない。行動主義のツールは、その本質からして学習と記憶のプロセスに、また進化心理学のツールは、包括的な心理組織を無視してモジュール化されたスキルに焦点を絞りすぎている。動物の認知の研究で用いられている理論的なツールは、人類を対象とする共進化の理論で補完すればこの課題に使えるはずだが、現時点ではひどく未熟なものでしかない。よって本書では、最新の認知科学による主体性の心理モデルを改変し拡張することで、(人間を含む)動物の認知を分析するための理論的なツールを考案することを試みる。

私の考えでは、心理的行為主体の基本構造は、フィードバック制御の原理に基づく目標指向型行動を説明する古典的なサイバネティクスモデルに見出すことができる。[4] 次に、対処すべき不確実性のタイプに応じて異なってくる意思決定のあり方に焦点を絞った最新の意思決定の科学のモデルを用いて、この基本構造を肉づけしなければならない。[5] また生物によっては、個体が実行機能層(実行層)の働きを介して意図的に行動し、自己の行動を調節するあり方を特徴づけるための追加の手段として、実行機能と認知制御のモデルが必要になる。[6] さらにはメタ認知、ならびに「計算的合理性」のモデルを取り込む必要があろう。このモデルでは、行為主体は二次的な実行層から、一次的な実行プロセスの効率を評価する。[7] 最後に人間を対象とする場合には、人間独自の社会的に共有された行為主体を特徴づけるために、以上のすべてに変更を加えなければならないだろう。個体が決定を下し自己調節するという行為主体の方式が根本的に変わるからだ。

再構築に取り組むにあたって準備として行なわねばならない第二の作業は、ある形態の行為主体から別の形態の行為主体への進化的な移行を説明するのに役立つ、変化を促す生態的な状況を特定することである。意思決定の科学の一般的な理論的考察に基づいて言えば、意思決定者が直面する不確実な状況——さまざまなタイプの不確実性——が特に重要になる。[8] 進化生物学の仮説では、規則的に生じる不確実な状況にもっともうまく対処できるのは、行為主体として当面の状況を柔軟に評価し、局地的に生じた偶発事象に関する妥当な情報に基づいて（おそらくは何らかの経験則を頼りに）決定を下し、しかるのちに行動実行を逐次監視し自己調節する個体である。[9]それよりもっと具体的な私の進化生物学的仮説では、現生人類に至る進化の途上で、四つの主要なタイプの不確実性に対処するために、四つのタイプの行為主体的組織が、おもに四つのタイプの社会的相互作用によって生み出されたと考える。私は、四つの不確実性のタイプを特定するにあたり、リバースエンジニアリングとは逆向きの、「前向きエンジニアリング」とでも呼ぶべき手続きを用いた。まずメカニズムに着目し、それがいかなる問題を解決するために進化したのかを特定するのではなく、私はまず問題（生態系が課す問題）に着目し、その問題を解決するために、いかなるメカニズムが設計されたのかを、行動実験で得られた実証的な観察結果に基づいて特定しようとしたのである。

最後になるが三つ目の作業は、絶滅した生物の行動を観察することは不可能なので、人類の祖先の動物の行動に関する実証的な情報を得るために、そのモデルになりうる現存生物を特定することだ。私はこの作業のために、比較生物学で通常使われている方法を用いる。その方法とは、絶滅した主要な生物の生理機能とその生物の進化の軌跡に関する一般的な情報を化石から収集し、次にその情報を用いてモデルとして使える現存生物を特定するというものだ。しかるのちに、モデル生物を対象に行動実験を行なってデータを収集することができる。

行為主体の機械モデル

心理学者は、行動がいかに生み出され組織化されるのかを示すモデルとして、つねに機械に着目している。古典的な行動主義者は一九三〇年代以来、自動化された電話の交換器をモデルとして用いていた。電話の交換器は呼び出し（刺激）が入ってくるまで作動しない。呼び出しが入ってきた時点で、送話者の回線をダイヤルされた番号の回線につなぐ（反応。成功によって強化されれば学習される）。動物行動学者はそれとは異なる機械モデルを採用していたが、同様に受動的なものだった。たとえばローレンツによる水のタンクを用いるモデルでは、次のように考えられていた。生物は時間の経過につれ、（たとえば飢えなどの）「行動に固有のエネルギー」をタンクに溜め込む。やがて（たとえば食物が目に入ったなどといった刺激によって）生得的な行動解発メカニズムが作動して、何らかの固定化された行動パターン（反応としての摂取行動など）が活性化され、貯蔵されていたエネルギー（飢え）が減退する。動物の行動に関するその種の受動的な見方は現在でも少なくとも暗黙的に残存しており、行動を刺激によって引き起こされる反応としてとらえる科学者が大勢いる（補足説明A参照）。また人間の行動の計算論モデルでよく知られている強化学習の理論は、環境における「報酬シグナル」に対して受動的に反応するものとして生物をとらえている[10]。

交換器もタンクも、物理的な因果関係、つまり原因（刺激や行動解発メカニズム）によって結果（反応や固定化された行動パターン）が引き起こされる線形的なプロセスのもとで作動する。しかし生物は、より能動的に、場合によっては先見的《プロアクティブ》に行動する。生命を維持する一連の基本的な身体作用は、恒常性を維持するべく循環的因果律に基づいて組織化されている。そしてそこには、内的な基準値が存在し、身体は能動的にそれを充たし維持しようとする。たとえば哺乳類の身体は、外界からの擾乱《じょうらん》を受けながらも内的環境における体温の恒常性を能動的に維持している。ウィーナー(11)やアシュビー(12)や他の初期のサイバネティクスの専門家たちの主張(13)によれば、生物の、行動を介した環境との相互作用も同様に循環的に組織化されている。つまり生物は目標を持ち、その達成に向けて行動計画を能動的に実行し、知覚を介してその進捗状況に関するフィードバック情報を受け取るのだ。したがって行動の基本単位は、線形的で受動的な刺激と反応の組み合わせではなく、循環的に組織化された能動的なフィードバック制御メカニズムによって構成される。現代の認知科学においては、これが知的な行動や認知に関するあらゆる計算論モデルの核心をなす標準的なモデルなのである(14)。よってフィードバック制御システムとして組織化された機械がいかに作動するのか、そしてそれが行動や心理の組織にどう関係しているのかを解明することは、人間の行為主体性の進化を説明するにあたって有用な出発点になる。

フィードバック制御組織の基本は、サーモスタットによって制御されるHVAC（暖房、換気、空調）システムに明瞭に見て取ることができる（図2・1参照）。典型的なHVACシステムは、実際には暖房装置と冷房のための空調装置という二つの下位システムから構成され、どちらを作動させるかは人間がスイッチで切り替える。ＨＶＡＣシステムの目標は室温を一定に保つことにあり、（冬のように）戸外の気温によって室温が下がるのが普通である時期には室内の空気を暖め、（夏のように）戸外の気温によって室温が上がるのが普通である時期には室内の空気を冷やす。暖房装置の場合、このプロセスは人間の手でスイッチが暖房に切り替えられ、好みの温度が設定されたときに始動する。するとサーモスタットは、ある種の温度計を用いて室温を感知し、設定された温度と比較する。そして室温が基準値より低ければ、暖房装置（それ自体が複数の部品《コンポーネント》から成る複雑な機械である）を作動させる。空調のスイッチを入れた場合には、同様のプロセスが逆向きに始動する。つまり室温が基準値より高ければ、サーモスタットは複数のコンポーネントから成る空調装置を作動させるのだ。ＨＶＡＣシステムのなかには、それら二つの機能を統合し、室温が設定値より高いか低いかを感知し、その情報をもとに暖房装置もしくは空調装置のいずれかを作動させる仕組みを持つものもある。その種のより複雑なＨＶＡＣシステムは、典型的なサーモスタットが下す〔特定の動作に対する〕「実行か中止か」の決定（暖房装置を作動させるか否かの「決定」）ではなく、目標を達成するために必要な条件に従って、どちらの行動を起こすかを選ぶ「あれかこれか」の決定を下す。

いかなる自律的で「知的な」機械も、それと同じ循環的因果律に基づく組織を備えている。すなわち動作（暖房装置のスイッチを入れるなど）によって知覚の変化（室温の変化を感知するなど）が引き起こされ、その情報が基準値（摂氏二二度など）や目標と比較されることで、さらな

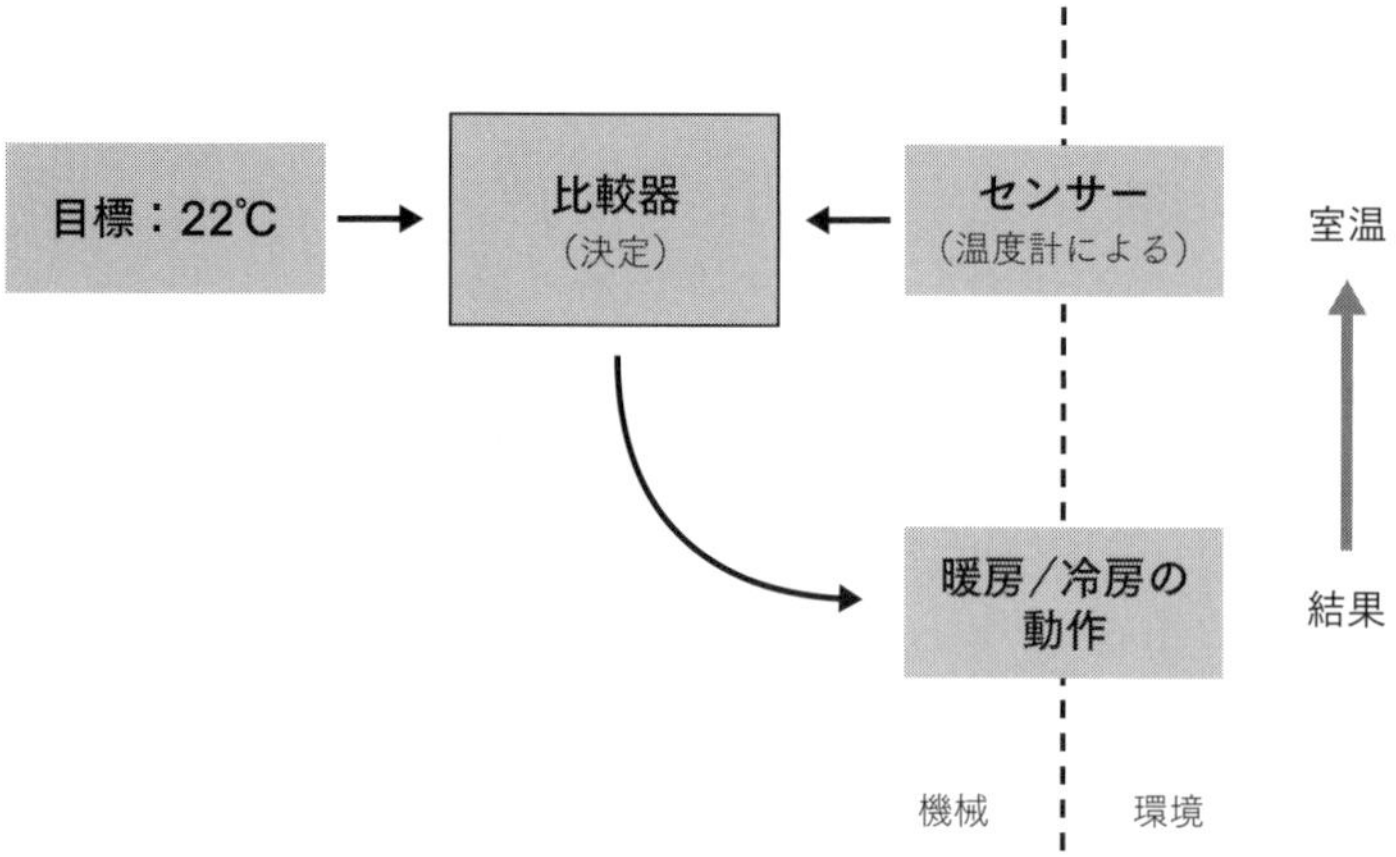

図2.1
ＨＶＡＣシステムの基本的なフィードバック制御組織。上向きの灰色の矢印は、行動の結果から知覚へのフィードバックを示している。

る動作が必要か否かが決定されるのだ。この循環性は、人間がスイッチを入れたり切ったりするだけの（つまり人間が、室温を感知し何が必要かの決定を下すことで、サーモスタットの役割を果たす）扇風機やヒーターの線形性とはまさに対照的である。ＨＶＡＣシステムにおいては、たいてい単純な物理的メカニズム、多くの場合、温度に応じて伸びたり縮んだりするだけの金属製のコイルを介して意思決定がなされる。

　その種の行動組織によってもたらされる結果を確認するために、ここで前向きエンジニアリングを実践してみよう。たとえば、わが家の庭の芝生に散らばる落ち葉を掃除するという目標を立てたとする。その課題の遂行に役立つ方法の一つとして、掃除機で落ち葉を吸い上げることがあげられる。落ち葉掃除機は、操作者たる私が目標、指示、知覚フィードバックを提供することで動作を実行する。落ち葉掃除機は単なる道具にすぎない。だが、独力で走行する機械を組み立てることもできる。たとえば、（おそらくは柵によって周囲を囲まれた）芝生の全面をランダムに移動しながら、遭遇したすべての物体をホッパーに吸い上げる、自動走行落ち葉掃除機のような機械を製作することもできよう。確かにそのような機械は一応機能するだろうが、モーターの電源が入ったまま木の葉が落ちていない区画を頻繁にさまよい、バッテリーを浪費する結果になって非常に効率が悪いはずだ。そこで落ち葉を「見て」反応できるようカメラを装着したとする。カメラは特定の場所に落ち葉を発見し（刺激）、その場所に移動して落ち葉を吸い上げるためにモーターを始動させる（反応）。しかし、刺激に対する反応によって動作する、その手の開《かい》ループ制御式の機械には、移動中に何らかの調節を行なう手段が備わっていない。だから、落ち葉を見つけてその場所に向かう途中で、その落ち葉が風に吹き飛ばされても、機械は何ごともなかったかのようにそこに移動しようとするだろう。あるいは経路上に大きな木の枝が落ちてきても、進路を変えることなく延々とそれにぶつかり続けるはずだ。さらに言えば、ホッパーが満杯になっても停止の決定を下せずにいつまでも無益に動作し続け、落ち葉は芝生の上に散らばったままになることだろう。よってこの課題の達成に必要な機械は、フィードバック制御システムとして作動する落ち葉掃除機なのである。相互に関連づけられた複数のフィードバック制御システムが階層構造を取っていればなおよい（そのような組織構造のバリエーションにヘテラルキーがある）[15]。

図2・2は、階層構造をなすフィードバック制御システムを実装した落ち葉掃除機の作動方式をごく単純化して示したものである。なお実際には、四つのコンポーネントのおのおのが、階層構造をなすフィードバック制御システムになっている（つまり四つのコンポーネントのおのおのが、モーターの始動、車輪の制御などの下位レベルの動作を含んでいる）。各コンポーネントは特定の目標（G）を持つ個別のメカニズムを備え、知覚（P）が目標に合致するまで動作（A）を続行する。知覚が目標に合致した場合、次のコンポーネントに制御を移し、次のコンポーネントは割り当てられた仕事を開始する。各コンポーネントは、高次の目標のために低次の目標を達成するという形態で組織化され接続されている。掃除機が木の葉を検知するのはその場所まで移

動するためであり、その場所まで移動するのはそれを吸い上げるためであり、それを吸い上げるのはホッパーを満たすためだ（ホッパーが満杯になった時点で、その兆候を察知した人間が介入し、ホッパーを空にして再度掃除機を始動させなければならない）。移動中に目標の落ち葉が突然吹き飛ばされた場合、掃除機は、たとえば最寄りの落ち葉を特定し直し、それを新たな目標にすることでその状況に対応する。移動の途上に障害物が落ちていた場合に対処するためには、プログラムに少しばかり手を加えて、その経路が袋小路であることを検知し、いったん停止して別の落ち葉に向かって移動するアルゴリズムを加えればよい。このようにフィードバック制御を実装した落ち葉掃除機は、刺激に対する反応によって動作するランダム移動式の落ち葉掃除機と比べて、はるかに柔軟かつ効率的に仕事をこなす。

以上の説明では多数の詳細事項が省略されているが、「仕事を柔軟かつ効率的にこなすための最善の方法は、知覚によるフィードバック情報に基づきつつ、さまざまな目標を追求するシステムを用いることである」という主旨は明確になったはずだ。複雑さの度合いに関係なく、何らかの課題を達成するための最善のシステムは、階層構造をなす一連のフィードバック制御コンポーネントによって作動するシステムである。たとえば落ち葉掃除機は、次のようなコンポーネントで構成される。（1）満杯になったことを検知する機能を持ち、満杯でなければ動作の継続を指示する信号を送るホッパー、（2）最寄りの落ち葉を検知し、その方向に機械本体を向け、モーターを始動させるカメラ、（3）最寄りの落ち葉にたどり着いたことを（カメラを用いて）検知

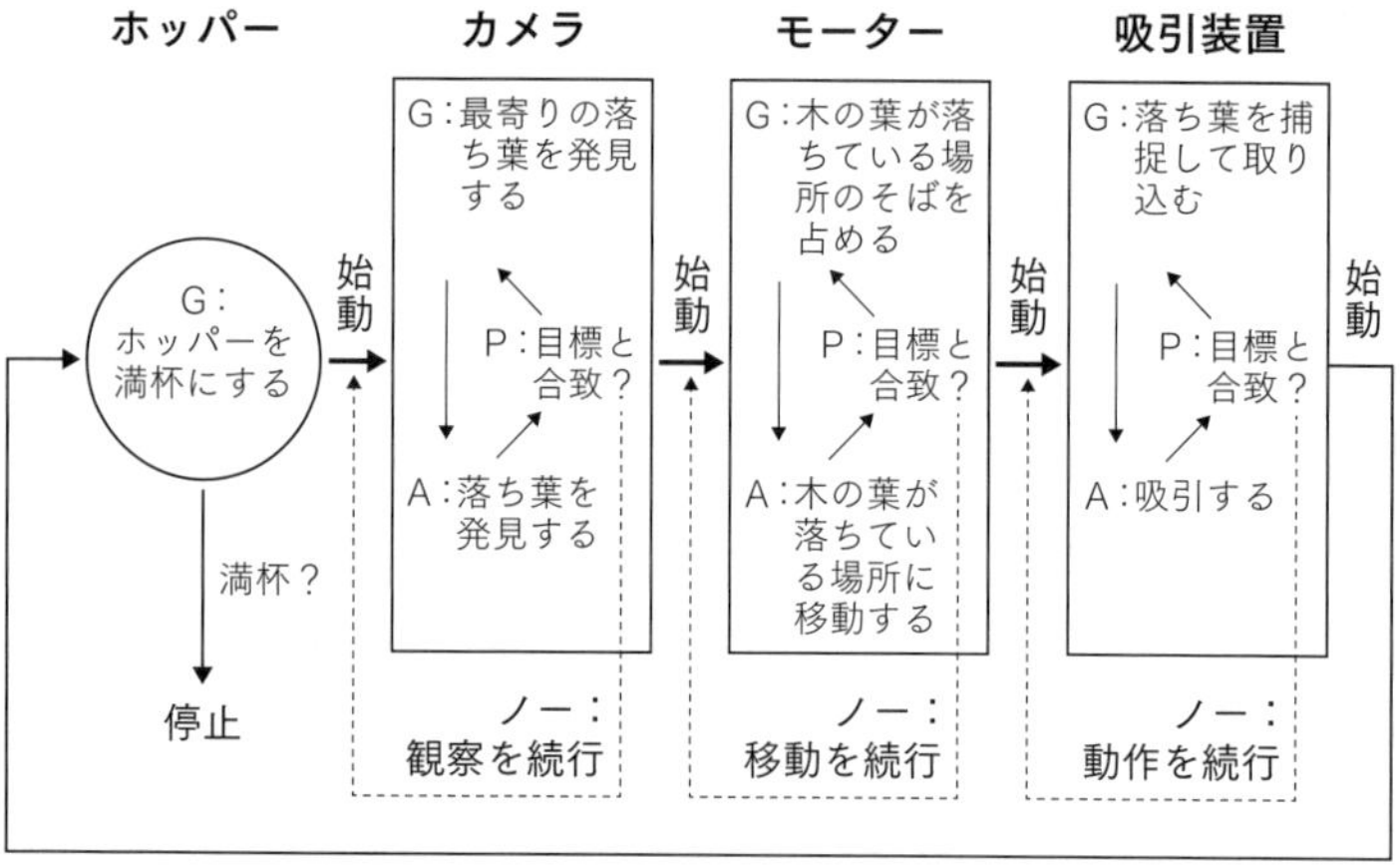

図2.2
落ち葉を効率的かつ柔軟に掃除する自動走行落ち葉掃除機が実装するフィードバック制御システムの概略図。G＝目標、A＝動作、P＝知覚（現状が目標に合致するかを観察する）。各枠は、階層構造をなす下位のメカニズムを要約している（たとえば、モーターの始動、車輪の制御など）。

するまで移動し続け、たどり着いた時点で吸引装置を始動させるモーター、（４）落ち葉をホッパーに吸い上げ、カメラを用いてうまく吸引できたか否かを監視する吸引装置。落ち葉の吸引が完了すると、制御はホッパーに戻り、同じ一連の動作が繰り返される。

ところで、いかなる意味で機械が目標を備えていると言えるのだろうか？　深遠な哲学の話はさておき、それは、哲学者が賛成的態度と呼ぶものとして作用する知覚イメージが形成されるよう機械を構築することを意味するにすぎない。それによって行為者（機械）は、この知覚イメージ、すなわち外的事象に関する知覚状態がもたらされるよう行動するべく「動機づけられる」のだ。読者は機械に対してその手の言葉を用いることに反対するかもしれないが――落ち葉掃除機は確かに目標を持たない――、まさにそのような機械の設計者は、行為主体的な生物と同じように仕事をする機械の構築を試みていることに鑑みれば、この説明は有用だと言える。人間は望ましい芝生の状態に関するイメージをまず持ち、そのイメージと実際の芝生の状態が合致するまで掃除し続け、合致した時点で掃除を終える。[16]したがって望ましい状態を知覚することが目標であると、操作的に定義することにしよう。ただし、一点明確にしておかねばならない。呼吸について考えてみよう。私たちは通常、呼吸を目標指向的な活動とは見なしていない。呼吸は自然な活動に見えるからだ。だが、酸素の欠乏に直面した人は、ただちに目標指向的な行動を取るはずだ。人間は、何も考えなくとも呼吸によってつねに酸素が供給されるという基準値を持つが、（水中にもぐるなどして）その基準値を充たせなくなると、安定状態に戻るという行動目標を追求することで反応する。あるいは幼い娘と一緒に庭で遊んでいる父親について考えてみよう。この父親にとっての基準値は、「娘は庭に留まっている」というものになる。だから娘が庭の内部に留まっている限り、父親は何もしない。だが娘が表通りに飛び出せば、(庭に娘を連れ戻すという)目標指向的な行動を取るはずだ。この分析では、何もしないことですら、特定の基準値を維持するうえで必要だという点で目標指向的と見なすことができる。機械や生物は、自己が持つ基準値に知覚が合致するよう作動(行動)する。そしてそれは何らかの行動を起こすことを意味する場合もあれば、何もしないことを意味する場合もある。

落ち葉掃除機を生物にたとえると、そのもっとも高次の目標はホッパーを落ち葉で満たすこと(落ち葉に対する「飢え」を満たすこと)にある。しかし機械を利用する人間は、さらに高次のレベルの目標を抱いている。たとえば私が落ち葉を掃除するのは、隣人に好印象を与えるための手段として芝生を美しく保ちたいからである。だから私は、私自身が抱く高次の目標を達成できるよう、前述のように作動する落ち葉掃除機を構想したのだ。だがあえて言えば、私が抱く高次の目標は、落ち葉掃除機の心理の一部をなすわけではない。次章では、この状況と、隠喩的に言えば、自然はそれ自体の目標のために、生物を特定のあり方で行動させたがるのに対し、生物自身はその目標について何も知らないという状況の類似性を検討する。たとえば自然は、生物の生存を望むが、個々の生物はこの進化の大きな目標を知ることができず、食物摂取、捕食者からの逃走などに関する心理を備えるにすぎない。

したがって、行動に関するフィードバック制御モデルは階層構造をなすいくつかのシステムから構成され、それぞれのシステムは三つの中心的なコンポーネントから成っている。三つのコンポーネントとは、（1）基準値、あるいは目標、（2）感知装置、あるいは知覚、（3）行動に関する決定を下し実行するための、知覚と目標の比較装置である。[17] フィードバック制御システムは、柔軟で知的な行為主体的行動を生むためのすぐれたモデルであるというだけでなく、唯一の可能なモデルなのである。ここでもう一つ思考実験を行なってみよう。あなたは効率の悪い信号機にフラストレーションを覚えたとする。他に車がいないのに待たされたり、目の前に長い信号待ち行列ができているにもかかわらず、数台の車しか信号待ちしていない別の道路の信号を青にしたりするからだ。ある日、この効率の悪い信号機が、交通整理の警官のごとく効率的に車の流れをさばくようになったとする。市の交通課は信号機にいかなる変更を施したのだろうか？ 次のような変更を施したとしか考えようがないだろう。つまり次の三つのコンポーネントを信号機につけ加えたのだ。（1）目標となる理想的な交通状態に関する何らかの表象〔表象とは外的な事物や状態を内的な表現様式で代理すること、ならびに内的に代理された表現をいう〕（すべての待ち行列の長さが等しくなるなど）、（2）現状の交通状態を参照するための何らかの形態の知覚的な手段（カメラなど）、（3）知覚された交通状態を目標の状態に近づけるために、各信号機のオン・オフの切り替えを決定する際に参照する何らかの規則。他に何か必要だろうか？ 交通整理の警官は、まさにそれと同じことをしている。

したがって行為主体の基本的なモデルは、個体が特定の目標に向けて行動し、知覚によって得られた情報をもとに下される決定を介してその行動をコントロールするフィードバック制御システムである。サーモスタットや落ち葉掃除機は、特に目標指向的に作動するよう設計されてはいるものの、それらの装置が決定を下していると見なすことが妥当なのかどうかは定かでない。なぜなら、それらの装置が利用できる選択肢《オプション》は人間の手で組み込まれたものであり、多かれ少なかれ機械的に選択されるからである。とはいえ、ここで人工知能をめぐる哲学的な根本問題に答える必要はなかろう。よって意思決定に関する議論は、生物を取り上げるまで扱わないことにする。また大きな潜在的意義を持つ行為主体の他の二つのコンポーネント、実行機能、認知制御についても、もっとあとで取り上げる。多くのフィードバック制御メカニズムは、知覚と行動を司る操作レベルを統括する実行機能層を（また場合によっては、それに加え二次的な実行層すら）備えている。しかしそれに関しても、複雑なその仕組みは、生物の行動という文脈のもとで考察したほうが理解しやすいだろう。

生態系が課す問題のタイプ

ある形態の行為主体から別の形態の行為主体への進化的な移行に関する説明は、進化に関するいかなる説明とも同様、もとの形態の有効性を低下させ、新たな形態の有効性を高める生態的な問題を特定することから始める必要がある。人間を対象にする意思決定の科学の成果[18]に基づいて言えば、行為主体性は、生物が特定のタイプの不確実性に恒常的に直面するようになったときに生まれる。不確実性のタイプには、たとえばリスク（潜在的な結果が現実に起こる可能性が既知の場合）、あいまいさ（潜在的な結果が現実に起こる可能性が未知の場合）、変動性（潜在的な結果が現実に起こる可能性が、行動実行中に予測不可能な様態で変化する場合）などがある。

動物行動学の分野で現在なされている議論の多くは、関連する生態的条件がおもに物理環境――通常は捕食環境――から生じるのか、それとも社会環境から生じるのかに焦点が置かれている。そのため過去数十年間、研究者たちは霊長類や他の動物における「知性」――脳の大きさなどの尺度によって測定されることが多い――の進化が、捕食域の広さのような尺度によって測定可能な生態的要因によるものなのか、それとも社会集団の規模などの尺度によって測定可能な社会的要因によるものなのかを論じてきた。しかしそのような見方は、（論争に参加している多くの研究者がはっきりと認めているように）ひどく単純化されていると言わざるを得ない。

第一の過度の単純化は、「知性」という概念に見出せる。この概念は、どんな子どもが高等教育によって恩恵を受けられるかを予測するために、人間を対象にする計量心理学の研究者が一世紀前に考案したものであり、自然界における認知プロセス（無数に存在し、おおむね特定の機能に特化している）の進化とは何ら関係がない[19]。コールと私は、捕食というただ一つの機能を取り上げて、それには少なくとも次のような下位機能と、それに関連する適応スキルが含まれると述べた。[20] 食物を発見する機能とそれに必要な空間認知のスキル、食物を特定する機能とそれに必要な物体を分類するスキル、食物の量を測定する機能とそれに必要な数量化のスキル、また動物によっては道具を使う機能とそれに必要な物体操作のスキルと、おそらくは因果関係を理解するスキルである。社会的な領域では、(たとえば食物や生殖相手を得るために) 個体が他の個体と競い合う場合、(視線を追う、社会的に学習するなどして) 他の個体の知識やスキルを利用する場合、(たとえば連合や同盟を組んで) 他の個体と協力し合う場合には、それに応じた適応スキルが必要になる。これらすべての領域において、動物種によって備えるスキルが異なったり、あるいは同じスキルを備えていても形態や程度が異なったりしうる。つまり、「知性」と呼ばれるたった一つの普遍的な特徴など、現実には存在しないということだ。

二つ目の過度の単純化は次の点にある。生態系や社会の複雑さは、捕食域の広さや社会集団の規模によって的確に計測できるものではない。さらに言えば、多くの生物が社会集団を形成して捕食を営むようになると、生態的な要因や社会的な要因は複雑に組み合わさって相互作用することが多くなる。本書は、「社会的な複雑性」を測定するいかなる単純化された尺度よりも複雑な方法で、生物の生活における主たる不確実性の源泉、すなわち他の生物に着目するというアプローチを取る。具体的には、とりわけ次のことが言える。(1) 狩る、あるいは狩られる生物にとっては、獲物もしくは捕食者の行動の不確実性がカギになる。(2) (もっとも素早い個体が獲物をせしめる) スクランブル型競合によって集団の仲間と食物を競い合う生物に関しては、競争に勝つために生態的な条件をめぐって効率的な意思決定を下すことがカギになる。（3）資源をめぐって集団の仲間とコンテスト型競合〔複数の個体が競い合い、最終的にいずれか一つの個体が勝利する競争〕を繰り広げる生物のあいだでは、競争者の行動をできるだけ正確に予測するために、さらに効率的な意思決定のスキルや特殊な社会的認知のスキルが発達しやすい。（4）おもに仲間と協力し合うことで資源を手にしようとする個体のあいだでは、自身と同じ基本的な心理を備えた協働パートナーの行動を予測しコントロールするためのスキルが進化しやすい。私の提案は概して次のようなものになる。捕食にまつわる生態は、空間や物体の分類や量などの領域に関わるさまざまな認知スキルの進化のカギを握っているのに対し、行為主体的な意思決定の進化は、おもにさまざまなタイプの不確実性に反応することで生じる。また、ほとんどの生物の生活において、もっとも不確実な実体が他の生物であることには、疑いの余地がほとんどない。そこからは、「社会的要因と生態的要因、ならびにそれに適応した結果として生じる行動は、複雑な様態で絡み合っている（たとえば生物の捕食に関する決定は、社会的競争のゆえにより確実で迅速なものになる）」という仮説を導き出すことができる。

最後にもう一点、重要な指摘をしておこう。効率的な意思決定者として行動するためには、物理環境と社会環境の両方を的確に知覚し理解しなければならない。これは、実行する必要のある行動によって促進される。たとえば前述の落ち葉掃除機は、木の葉だけを知覚するよう設計されている（よって昨夜のパーティーで投げ捨てられたボトルは無視する）。落ち葉掃除機が決められた目標を達成するためには、それが要件になるからだ。生物の例をあげると、ガラパゴス諸島に生息するフィンチのなかには、捕食活動の様態に応じて、擬態した昆虫を検知するための視覚能力を備えた種も存在すれば、ある種の木の実の成熟度合いを検知する種も存在する。それらはすべて、特殊な機能を実現するための特殊な知覚なのである。しかし心理組織の一タイプとしての行為主体に関して言えば、カギは行為主体的な行動の組織の変化が、当の行為主体が経験しうる事象のタイプの変化をもたらすという点にある。したがって、たとえば自己の行動や心理機能を実行層から監視する生物は、そのような自己監視を実行することのない生物にはアクセスできない経験の側面に通じている。よって本書の以後の説明では、行為主体のさらなる側面が重要な役割を果たす。それは、私が生物の「経験的ニッチ」と呼ぶものであり、そのような行為主体は、特定の生態的地位への個別的な適応によって、またそれと同時に、より一般的なレベルでは、包括的な行為主体的組織の性質によって駆り立てられる。

絶滅種のモデルとしての現存種

ここでの問いは、人間の行為主体性がさまざまな段階を経ていかに進化したのかである。原理的には、人類の起源をなす最古の動物祖先から現生人類に至る行為主体的生物の歴史を調査することでこの問いに答えられるだろう。だがもちろん、行動（や脳組織）は化石として残らないため、そのような歴史の調査は不可能である。とはいえ、行動は関連するさまざまな生物種を経て時間的な継続性を示すので、比較生物学の基本的な戦略が有効であろう。すなわち、人類のいくつかの動物祖先の代理となりうる現存動物種を対象に人間の行為主体の起源を探究するのだ。具体的に言えば、進化の重要な分岐点を占める動物祖先との類似点を仮定し、それに基づいて現存動物からモデルとなる動物の種（あるいは綱）を選択するのである。

　ここで重要な指摘をしておくと、本書では、たとえば鳥類や真社会性昆虫における、行為主体的組織の平行進化や収斂進化については検討しない。つまり人類に至る進化の経路の途上に位置する生物のみを取り上げる。また、あらゆる動物種に共通して見られるもっとも基本的な機能様式を特定する目的で、極度に単純な生物を含めたさまざまな動物の心理や意識を研究するピーター・ゴドフリー＝スミス[21]が用いている分析的な戦略も取らない。その代わりに本書では、相同《ホモロ》性《ジー》に基づきながら実際の進化の流れを再構築するつもりである。すなわち、人類の太古の動物祖先が備えていた単純な形態の行動組織から出発し、次にそこからいかにして、新たに生じた生態的な課題に適応的に反応して、前段階の動物種から次第に進化していき、より複雑な形態の行動組織へと変化していったかを検討するのだ（複雑性の進化に関する説得力のある理論的説明は、ボナーの著書を参照されたい[22]）。その結果、現存する生物種の「自然の階梯」ではなく、原理的にいかなる現存の生物種をも最終到達点として指定することのできる進化の流れが再構築されるはずである。ただし私は心理学者として、最終到達点として人類を指定する。

私は本書で、一部は原理的に、また一部は便宜上、四つの行為主体のタイプのおのおのの代理として〔現存する〕特定の生物種を選択した。実のところ真の行為主体として組織化されてはいなかった最初の生きた行為者（左右相称動物）の代理には、ミミズに似た生物シー・エレガンス〔学名 *Caenorhabditis elegans*　略称 *C. elegans*〕を選んだ。この生物については多くが知られている。最初の目標指向的行為主体の代理には、さまざまな行動実験の対象にされてきたトカゲを始めとする爬虫類を取り上げる。また最初の意図的行為主体の代理には、同様にさまざまな行動実験の対象にされてきたリス（とその近縁種のラット）などの哺乳類を、最初の合理的行為主体の代理には、多くの行動実験の対象にされてきた大型類人猿のチンパンジーを、そして最初の社会規範的行為主体の代理には、（行動に関する考古学的な証拠と、多くの行動実験の対象にされてきた人間の子どもとの類推に基づいて）進化の異なる二つの時点に生存していた初期の人類を取り上げる。以上の生物種は、現存する生物のなかでも、それら四つの行為主体のタイプにもっとも近い代理である点をここで強調しておきたい。事実私は、神経系を備えた最初の生物がミミズに、最初の脊椎動物がトカゲに、最初の哺乳類がリスに似ていたことを示す研究に啓発されて以上の生物を選択した。またチンパンジーは、初期の大型類人猿の代理としては最適であり、初期の人類に関しては現代の人間の子どもからある程度類推が可能である（動物の認知の研究や、それがいかにその種の分析によって補足され改善されてきたかについては、補足説明Bを参照されたい）。

図2・3は、進化の系統樹をごく単純化して描いたもので、そこに私が選択したモデル生物を確認することができる。選択されたモデル生物はすべて、右端に太線で描かれた、人類に至る分枝の上に位置している（各分岐が生じたおおよその時期を示した）。非行為主体は四角なし（左右相称動物のシー・エレガンスのみ）、目標指向的な行為主体は白い四角、意図的行為主体は薄灰色の四角に黒文字、合理的行為主体は濃灰色の四角に白文字、社会規範的行為主体は黒い四角に白文字で表記されている。またこの図には、人類に至る系統から分枝する、推測による平行進化の例がいくつか記されている。すでに簡単に述べたように、昆虫のなかには爬虫類とともに目標指向的な行為主体へと、また鳥類のなかには哺乳類とともに意図的行為主体へと平行進化したと思しき種がある。興味深いことに、これらの平行進化の例は、進化を促す生態的な条件に関する私の仮説と合致して、高度な社会性を備えた生物種においてもっとも頻繁に生じているように思われる。

私は、以上のモデル生物の選択が恣意的である点を認めるにやぶさかではない。そもそも完全な答えなど存在しないのだから。しかし、行為主体の一般的な組織構成はいくつかの基本的なタイプに限定され、それらは関連するさまざまな生物種をまたがって維持されやすいとする私の仮説に鑑みれば、以上の選択には結果的に相応の妥当性があるはずだ。

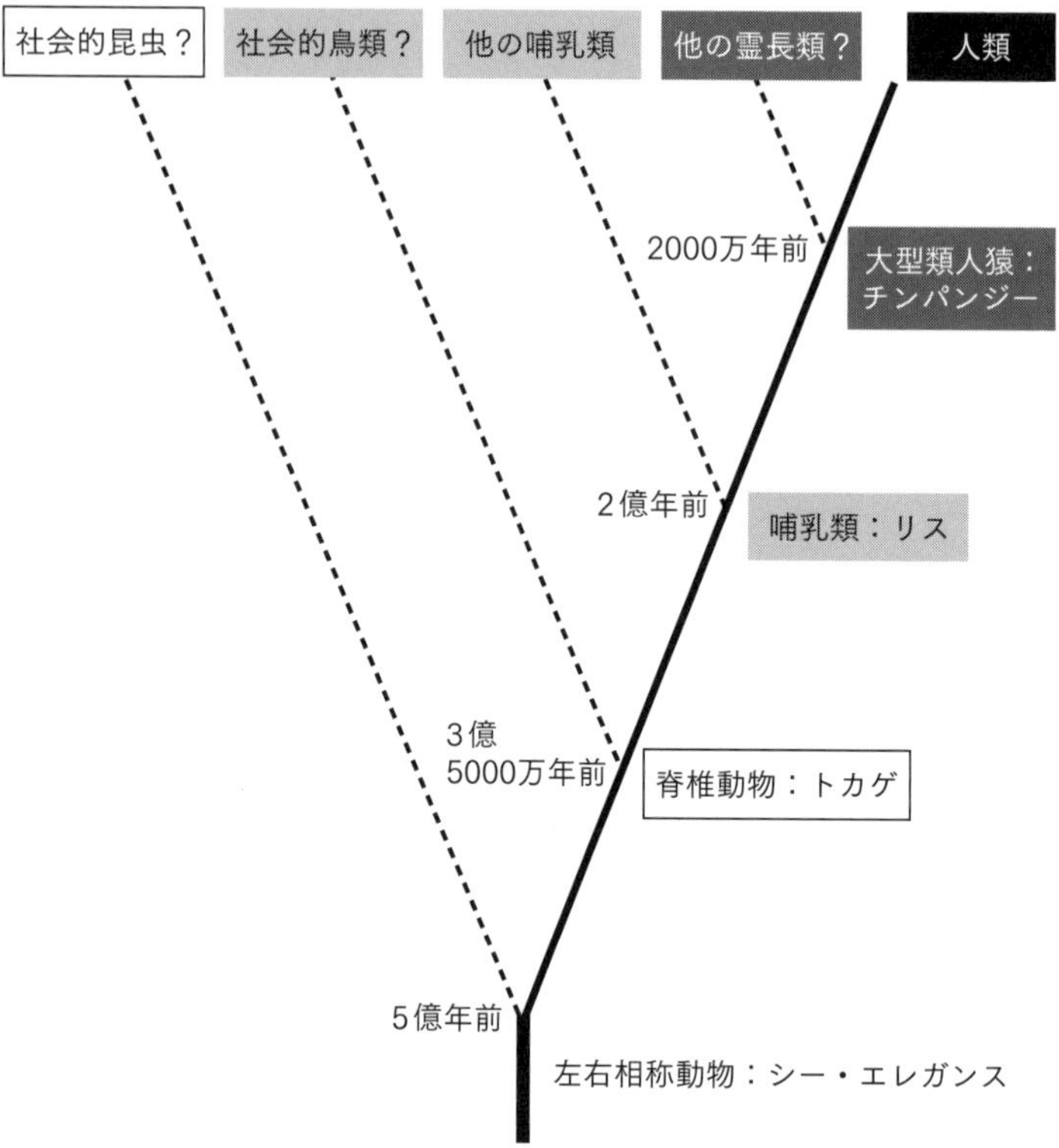

図2.3
本書で着目する生物種、すなわち右端の太線の脇に記されている左右相称動物、トカゲ、リス、チンパンジー、人類の進化の系統樹上での位置。非行為主体は四角なし、目標指向的行為主体は白い四角、意図的行為主体は薄灰色の四角に黒字、合理的行為主体は濃灰色の四角に白字、社会規範的行為主体は黒い四角に白字で表記されている。そこから左上方に伸びる破線は本書では扱われない生物種を示し、平行進化のプロセスなどを考慮することで対応する行為主体性を推測した（四角と文字の色で対応するタイプを示している）。

第3章　目標指向的行為主体——太古の脊椎動物

生物個体は、ある意味で自己の感覚力によって自己の環境を決定する。
——ジョージ・ハーバート・ミード『精神・自我・社会』

自然選択は、それが「見る」ことができるもの、すなわち生物の外面的な行動（と特定の行動や他の機能のために適応した身体）に対してのみ作用する。行動の組織化や実行の基盤をなす心理プロセスは、かくして自然選択によって選択されたものではあれ、行動に対する影響を介して間接的に選択されたものにすぎない。したがって、特定の生物がある行動を起こす能力を持ちながら、それを実行に移すことがなければ、その能力は自然選択の対象になり得ない。また、特定の生物がある行動を起こすべく動機づけられているにもかかわらず、それを実際に実行に移さなければ、その動機は自然選択の対象になり得ない。

それと同様に、科学者たちは心理プロセスを、それが生物の外面的な行動に及ぼす影響から推測する（「外面的な」という形容詞は、「基礎認知」的なアプローチから現在のアプローチを区別するためにつけ加えた。基礎認知的なアプローチは、身体の維持を含めたあらゆる生物学的機能を、情報処理が関与するという理由で認知的ととらえる）(1)。科学者たちは、生物が、未知の状況のもとでも特定の目標に向けて柔軟に行動する場合、そこには心理的行為主体性が存在していると推定する。柔軟に行動するためには、個体は、刺激によって駆り立てられた、知覚と行動が一対一に対応する行動様式を脱しなければならない。つまり、知覚を介した状況の継続的な評価に応じて、行動するかしないかを、あるいは複数の可能な行動からどれか一つを、（場合によっては、行動実行中にさらなる制御プロセスとして抑制などの実行層のプロセスを起動しつつ）その都度決定する能力を備えていなければならない。環境世界のもとで能動的に行動するが、心理的行為主体として行動するわけではない動物種は、生きた〔非行為主体的〕動作主体《アクター》と呼ぶべきだろう。

生きた（非行為主体的）アクター

地球上に出現した最初の生物は心理的行為主体ではなかった。そうなる必要がなかったのは、文字どおり食物のなかを泳いで生きていたからである。要するに、「口を開いて」単純に動き回る単細胞生物だったのだ。この説は、現存する類似の単細胞生物が養分を見つけ出して摂取し、満ち足りれば動作を停止するなどといった（目標の追求や充足を示唆する）行動を取らないという事実によっても裏づけられる。それらの生物はつねに動き、多かれ少なかれ「濾過摂食者」として養分を摂取している。しかも「決定」は機械的になされる。実のところ、独立した感覚器官や意思決定メカニズムは備わっておらず、養分や有害物質に敏感な分子によって特定の行動が自動的に生じるだけである。その種の単純な生物は、満ち足りているときでも養分となる化学物質に向かわないという決定を下すことができず、また自己の行動と結果を結びつけてそれが成功したかどうかを判断することもできない。要するに、刺激に駆り立てられているのであって、目標指向的に行動しているのではないということだ。[2] 栄養摂取や有害物質の回避という目標は、言ってみれば個体ではなく自然に属しているのである。

それから時が流れ、今から五億年以上前に、神経系を備え、それに基づいて活動するミミズに似た生物、つまり左右相称動物が誕生し、それが最初の人類の祖先になった。その外観が知られているのは、ほぼ無傷の化石化した個体が発見されたからで、類似のさまざまな生物の遺伝的発達の調査を通じて、その生物には神経系が備わっていたと推定されている。行動の観点から現時点における最善の推測をすると、左右相称動物には「移動と堆積物の除去」の能力が備わっていたはずだ。[3] おそらくその生物の行動は、現存する、ミミズのような生物シー・エレガンス（*Caenorhabditis elegans*）の行動に似ていたことだろう。シー・エレガンスは行動生物学においてモデル生物として利用されており、多くのことが知られている。三〇二個のニューロン――そ

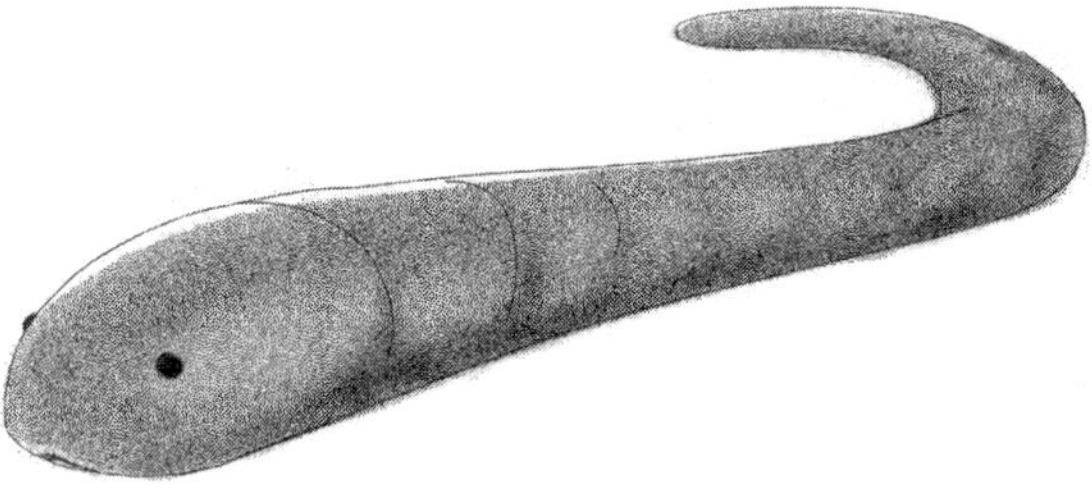

図3.1　およそ5億年前に生息していた初期の左右相称動物の想像図。

の多くは神経節に集まり、そのうちの三二個は化学的感覚に関する機能を果たしている——のすべて、ならびにあらゆるシナプス結合が特定されている。化学的感覚に関する機能を果たすニューロンは養分や有害物質を検知し、身体の収縮を指示する「信号」を運動ニューロンに送って、それらの物質に向かうか、あるいはそれらから遠ざかる方向へとその個体を動かす。シー・エレガンスはそれに加え、食物（通常はバクテリア）の摂取率をもとに、食物の豊富な場所や少ない場所を検知することができる。[4] さらに言えば、前進運動などの行動が悪い結果（有害な化学物質に突き当たるなど）をもたらした場合、二つある行動のうちのどちらかを実行して、そこから遠ざかることができる。[5] かくしてシー・エレガンスは、能動的に周囲を動き回ることで食物を見つけるのだ。さらには、未知の環境のもとで食物のある場所に何度も出くわすと、その位置を学習することさえある。[6]

　このように、シー・エレガンスの行動は単細胞生物の行動より複雑に組織化されているように思える。周囲で起こっている事象を感知し、それに反応して行動するための、さまざまなメカニズムを備えているのだから。従来、神経系の機能は、知覚と行動という別個のメカニズムを結びつけることにあり、神経節がそれを統合する役割を担っている。よってシー・エレガンス（や、それとの類推によって初期の左右相称動物）においては、知覚と行動という二つのメカニズムが統合されていると考えられる。とはいえ、刺激に駆り立てられてほぼランダムに行動するシー・エレガンスが、何らかの内的な目標と比較して、行動指針を決定しているとは考えにくい。[7] また、行動制御と呼べるような何らかの機能を備えているとも思えない。行動実行を抑制したり、他の何らかの方法でコントロールしたりすることはなく、生得的な動作の対象となる場所くらいしか学習しないからだ。したがって、シー・エレガンスによってモデル化される初期の左右相称動物が、意思決定を下す能力を備えた目標指向的行為主体であったとは考えにくく、動き回るだけのアクターにすぎなかったと考えるべきだろう。

目標指向的行為主体

最初の左右相称動物が出現してからしばらく経過した、およそ五億年前頃、いわゆるカンブリア爆発が生じ、効率的に行動するためには連携させる必要のある、四肢、歯、爪などの付属器官を備えた「複雑な能動的身体」を持つ生物が登場する。[8] この新たな複雑さは、はるかに複雑で予測しにくい一連の生態的問題への適応として進化したのである。生物の捕食活動は、逃げたり防御したりする能力を持つ機動性の高い他の生物を獲物にするようになると不確実性が高まる。また、賢い捕食者から自身を守らなければならなくなる（前向きエンジニアリングの思考実験を続けるならば、落ち葉掃除機が吸い込もうとしている庭一面の落ち葉の一枚一枚が、数々の巧みな逃走戦略や闘争戦略を駆使するところを想像してみればよい）。それらの多様な問題に対処するためには、生物はシー・エレガンスのものよりはるかに複雑な形態の機能を必要とする。したがって、随時変化する不確実な状況のもとで問題を解決するために、付属器官や行動を格納したより大きな「兵器庫」を備えるだけでなく、自己の行動をコントロールするための効率的な手段も必要になったのだ。そこで登場したのが、フィードバック制御組織を備えた生物であり、少なくとも特定の行動領域に関するいくつかのコンポーネントを実装していたという点で、それが最初の真に行為主体的な生物になったのである。

最初の行為主体的な生物が具体的にどのような生物だったのかは定かでないが、ここで進化の歴史を早送りして、私たちがよく知る生物について考えてみよう。複雑で能動的な身体を持つさまざまな生物種のなかから最初の脊椎動物、すなわち魚類が出現し、およそ三億五〇〇〇万年前には最初の陸棲脊椎動物である両生類、そしてそれに続き爬虫類が登場した。ここでは、はるかにすぐれた行動データが得られている爬虫類に焦点を絞ろう。化石記録に基づくと、最初の爬虫類は体長が二〇センチメートルから三〇センチメートルほどの、脚と歯と目を備えたトカゲに似た生物だったらしい。また比較的大きな脳を持っていた。あらゆる証拠を勘案すると、この生物

図3.2　3億5000万年前に生息していた初期の脊椎動物の想像図。

は昆虫を捕食して生きていたようだ。現存の爬虫類が何らかの手がかりになるとすれば、それら初期の爬虫類は、とりわけ捕食に関して非常に複雑かつ柔軟な行動を取っていたと考えられる。もちろんこの太古の祖先はとうの昔に絶滅しているが、現存するいくつかのトカゲの種の行動、特に捕食行動をざっと眺めてみよう。

シー・エレガンスを始めとする蠕虫類に比べると、トカゲの捕食行動は時間と空間の両面においてきわめて柔軟であり、昆虫やクモなどの獲物の、季節による入手可能性の変化に応じて非常に多様な行動を示す。また少なくともある種のトカゲは、獲物の種類によって待機戦略か、より能動的な追跡戦略かを切り替える。実験室における系統的な研究では、とりわけ捕食行動に関して、少なくともある程度の学習による差異が個体間に見出されている。一例をあげよう。トカゲは、報酬を取り出すためにプラスチック製の実験用容器のフタを取り除くなど、未知の捕食の問題を解決するすべを迅速に学ぶことができる。[9] キラは同様の研究で、トカゲが実験用容器を選び報酬を取り出す前に、いくつかの容器のフタを識別させた[10]――報酬は一部の容器のみに入っていた。するとトカゲは、比較的うまく学習した。またトカゲは、捕食者から逃れる際に状況に応じた柔軟な行動を示し、実験者の手で設定された種々の脅威からさまざまな方法を用いて逃れた。[11] ウィルキンソンとヒューバーの爬虫類の認知に関する総括によれば、「空間、物理、社会の各領域における学習の効率性を裏づける証拠、ならびに捕食にともなう課題に対する行動の柔軟性を示すいくつかの実例がある」。[12]

以上の個体内と個体間の双方における行動の柔軟性、ならびに学習能力は、トカゲが単に刺激に駆り立てられているのではなく、目標を指向し、個体の決定によってコントロールされる行動組織を備えていることを示している。図3・3は、アリを捕食するトカゲの階層構造をなす行動組織を単純化して描いたものである（驚くほど落ち葉掃除機に似ている）。空腹を抱えたトカゲが巣穴から姿を現して獲物を探し始める（もしくは獲物がいそうな場所を探す）。次に獲物が手の届く範囲に入るまで探し続けるか待機する。それから獲物を捕食する（ここでも四つのコンポーネント〔胃、眼、四肢、口〕のそれぞれが、特定のあり方で四肢を動かすなどといった下位レベルの動作を行なう）。学習については、トカゲは弁別学習をする点でシー・エレガンスを凌駕する。つまり知覚がとらえた状況に応じて目標を追求する方法を変えることを学習するのだ。しかし重要な点を指摘すると、弁別学習においては、個体は新たな行動を学習するのではなく、知

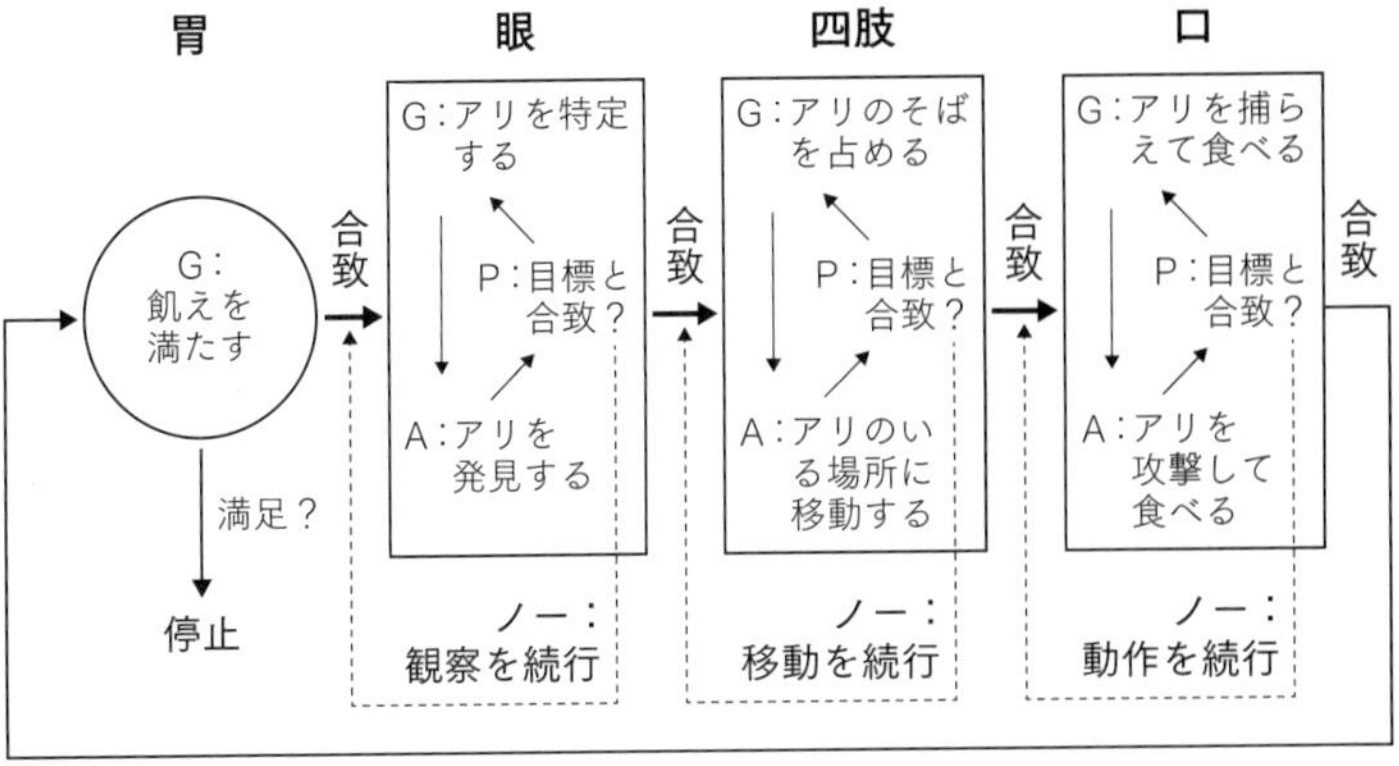

図3.3
アリを効率的かつ柔軟に捕食するトカゲの行動を構成するフィードバック制御システムの概略図。G＝目標、A＝行動、P＝知覚（現状が目標に合致するかを感知する）。各枠は、実際には階層構造をなす下位のメカニズムを要約している（たとえば四肢を動かして移動する、口を開けて摂食するなど）。

覚されたどの状況から最大の報酬が得られるのかを既存の行動を用いて学習するにすぎない。スボスキーは、爬虫類の学習一般を取り上げた実証的な研究を総括して、「爬虫類は、特定の刺激にいかに反応するかではなく、いかなる刺激に反応すべきかを学習しているようだ」と結論づけている(13)。

哺乳類の行動の重要な特徴は、のちの章で見るようにさまざまな種類の実行プロセスが関与していることだ。爬虫類はどうか？　数種のトカゲ（ほとんどはスキンク）を用いた研究によれば、トカゲには逆転学習の能力が備わっている。逆転学習の実験では、トカゲは最初、与えられた二つの刺激のうち、どちらか一方に向かって行けば報酬が得られることを学習するが、その後実験者はそのパターンを逆転させる。なお多くの研究者は、この課題に成功するためには、実行機能の一つである（以前に報酬を得た行動の）抑制が必要とされると考えている。実験の結果、逆転学習（また、そこからの類推で抑制）に長けたトカゲが存在することが判明している(14)。この結果は、意思決定を下したあとの行動実行中に、何らかの形態の行動制御が働いていることを意味する。しかし別の研究では、トカゲは課題切り替え《セットシフティング》をテストする逆転学習実験で失敗している（基本的にこのテストでは、黒い正方形、白い正方形、黒い円、白い円という一連の刺激が与えられ、被験動物は、最初はたとえば黒から白への逆転学習を遂行しなければならないが、次に逆転させるパターンが変わり、正方形と円の弁別に焦点を絞らねばならない(15)）。どうやらトカゲは、哺乳類のようにはパターン自体の切り替えに関心を示さないことに問題があるようだった。このことは、最初の研究でトカゲが示した逆転学習が、実行機能の研究者が注意セット〔特定の刺激の情報処理を優先させるために脳の中に作られるセットのこと〕と呼ぶものに基づいているわけではないことを示唆する。つまりトカゲは、将来意思決定を導く際に利用できる刺激の分類ではなく、もっと具体的で限定的な何かを学んだのである。

抑制の測定に頻繁に用いられている他の課題に迂回課題がある。トカゲを用いた迂回課題[16]では、被験個体はまず、不透明な管に入ったエサを、管の端の開口部まで回り込み、そこから中に入って入手できることを学習した。次に実験者は、似た形状の透明の管の中にエサを置いた。トカゲの生得的な傾向に従えば、個体は見えているエサのほうへと直接向かうはずだ。しかしトカゲのなかには、生得的な傾向を抑制して、(不透明な管ですでに学習したとおりに)管の端の開口部まで回り込んでそこから入る個体がいた。最初の試行《トライアル》でそれに成功した個体もいた。この結果は、少なくとも一部のトカゲが、優勢な行動反応を抑制する能力を持っていることを示している(ただし、トカゲはただ単に不透明な管によって以前に学習したこと、すなわち開口部へと回り込めばよいということを透明な管に一般化して適用したにすぎない可能性もある)。

以上のようなあり方で本能的な行動や学習された行動を抑制するトカゲの能力は、トカゲがシー・エレガンスには認められない方法で実際に意思決定を下していることを示す、もう一つの証拠になる。とはいえ抑制は、哺乳類が持つ実行制御に関する一連のスキルのうちの一つにすぎない。しかもそれは「グローバル抑制」あるいは「停止メカニズム」と呼ばれることもある、ごく単純な形態のスキルだ。この抑制はおもに、間違った行動の実行に何もしない場合より大きなコストがかかりうるケースでなされる、実行か中止かの決定に関連する。[17] グローバル抑制は、摂食中に捕食者が近づいてきた場合などにおいて、とりわけ重要になる。その際、個体は摂食行動を「凍結」し、次にそれに加えて、新たに生じた状況のもとで何をなすべきか（逃げるなど）を決定するのだ。このようにグローバル抑制によって、目標指向的行為主体は、一連の行動を対象に、目標と状況に応じて実行か中止かの意思決定を下せるようになるのである（二者択一の弁別学習が可能になるのは、一方の選択肢が閾値を超え、他方の選択肢が閾値未満であった場合だけだ）。これは、（第4章で述べるように哺乳類が行なう）個体が複数の行動に関する選択肢を同時に考慮する、あれかこれかの意思決定プロセスとは好対照をなす。結論すると、トカゲは決定を下し、間違った行動の実行を抑制する能力、要するに「実行」の反応を起こしたあと、行動中にそれを「中止」に切り替える能力を持つ。

私の仮説は次のようなものになる。目標追求や、実行か中止かの決定を司る基本的なプロセスは、絶滅種か現存種かを問わず、魚類、爬虫類、両生類、さらにはミツバチやクモのような、それらの能力を平行進化させたと思しき無脊椎動物を含め、柔軟に行動する能力を持つ動物の大多数で同じである。生物種間での相違は、その生物が示す行動が意思決定に基づく目標指向的なものか否かという点と、その程度に見出せる。トカゲの捕食行動など、多くの複雑な行動は、刺激に駆り立てられて始動する傾向の強いコンポーネントと、意思決定に基づく目標指向的な傾向の強いコンポーネントの両方が関与している。実験が示すところでは、特定の物体に対するガーターへビの「攻撃」行動は、一定の刺激によって強く駆り立てられた柔軟性のない行動であるのに対し、[18]そのような攻撃につながる獲物の探索行動は、目標指向的な柔軟性のあるもので、意思決定に基づいている。結論すると、爬虫類や他の多くの生物は、基本的なフィードバック制御システムとして、同様なあり方で活動している。そしてそのシステムは、目標追求、実行か中止か（グローバル抑制）の決定、弁別学習から成る同一の基盤構造を備えている。要するに、それらの生物は目標指向的行為主体として活動しているのだ。

生態的ニッチと経験的ニッチ

自然選択による進化のプロセスは、効率的な行動を生むことのできる生物を構築する。それには環境を知覚する能力が必要とされる。しかし環境のあらゆる側面を知覚する必要はなく、自己の行動に関連する側面のみを知覚できればよい。サーモスタットは温度のみを検知する。課された仕事を果たすために知覚する必要があるのは温度だけだからだ。シー・エレガンスは養分と有害な化学物質を知覚する。食物摂取のために知覚する必要があるのはそれらだけだからである。トカゲは種々の行動を効率的に管理コントロールするために、さまざまな事象を知覚する。このように、生物が経験する世界はその生物の行動能力によって決定されるのである（生物が知覚する世界が、その生物の行動に対する「アフォーダンス」によって構成されるという議論については、ギブソンの論文を参照されたい[19]。

その直接的な帰結として、生物はその行動様式に応じて異なる世界を経験するという見方が得られる。ヤーコプ・フォン・ユクスキュルは名著『生物から見た世界』で、そのような状況に関して、次のような魅力的でかなり思い切った説明を試みている。

このような散策は、日光がさんさんと降りそそぐ日に甲虫が羽音をたてチョウが舞っている花の咲きみだれる野原からはじめるのがいちばんだ。野原に住む動物たちのまわりにそれぞれ一つずつのシャボン玉を、その動物の環世界をなしその主体が近づきうるすべての知覚標識で充たされたシャボン玉を、思い描いてみよう。われわれ自身がそのようなシャボン玉の中に足を踏みいれるやいなや、これまでその主体のまわりにひろがっていた環境は完全に姿を変える。カラフルな野原の特性はその多くがまったく消え去り、その他のものもそれまでの関連性を失い、新しいつながりが創られる。それぞれのシャボン玉のなかに新しい世界が生じるのだ[20]。（『生物から見た世界』日高敏隆・羽田節子訳、岩波書店）

ミミズ、チョウ、ミツバチ、コウモリ、タコから海綿に至るまで、各生物は独自の方法で環境と相互作用しているという事実には、重要な意味がある。つまり各生物は同一の環境のもとで生きているのではなく、おのおの異なる世界のもとで、異なるシャボン玉に包まれながら生きているのだ。生物学者はこの状況をとらえて、「各生物は独自の生態的ニッチのもとで生きている」と言う。そしてその生物が持つ知覚の観点からすると、生態的ニッチは、自己の経験的ニッチでもある。ミミズの経験的ニッチは基本的に土壌やバクテリアで構成され、ミミズにとって魚類や樹木や人間は、相互作用の対象にならないために単に存在していない。それに対してトカゲの経験的ニッチは、視覚や聴覚を介してとらえられるアリ、コオロギ、草、巣穴を始めとする多数の事物から構成されている。というのも、それらは捕食や他の行動を支えるために、自身の生態的ニッチのもとでトカゲが知覚する必要のあるものだからである。

このように生物と環境は、重要な意味において互いに決定し合う（本章冒頭に掲げたジョージ・ハーバート・ミードの言葉を参照されたい）。しかし、それはさまざまな方法で実現される。私たちはよく、個々の生物が環境に「適応」しているという言い方をする。だが、それは個体が環境によって形作られるという意味ではない。実のところ進化生物学の観点からすれば、個体が適応するとさえ言うべきではない。適応するのは生物種（つまり個体群）であって、生存や生殖に必要な能力を備えていない個体の特徴が除去されることで時間の経過につれ変化していくのは、個体群レベルの特徴なのである。しかし自然選択は個体に特定の特徴をもたらすわけではない。個体の特徴は個体発生における遺伝的（後成的《エピジェネティック》）な発現によるのであり、自然選択が働く以前に生じるものだ。事実ダーウィンの天才性は、まさに個体の変化が自然選択のプロセスに先立ち、それと独立して生じることをはっきりと見極めた点にある。かくして自然選択は巨大な篩《ふるい》のごとく作用し、その穴の一つ一つから、個体の無数の「小さな」形状や特徴がふるい落とされていくのだ。かくして自然選択の篩は無能な個体を除去するのであって、生き残った個体の能力を形作るのではない。そのような意味において、生物とその行動が行動的ニッチと経験的ニッチの両方を決定すると言えるのである。

行為主体的な生物では、個体の目標や行動によってさらに劇的なあり方で経験的ニッチが決定される。生物によるその都度の行為主体的な行動は知覚ではなく、注意によって導かれる。つまり生物は、目標指向的な行動を準備する際、あらゆる種類の事象を知覚するとしても、効率的な決定を下すためには知覚された事象の一部、すなわち目標追求に関連する事象に注意を向ける必要がある。完全に刺激のみに駆り立てられて行動する生物は目標を持たず、それゆえ目標に関連する事象に選択的に注意を向けることがない。目標がなければ、それに関連する事象など存在し得ないからだ。だから刺激のみに駆り立てられて行動する単細胞生物が、注意のプロセスを用いて関連状況を感知するとは考えられない。それに対し、トカゲや他の目標指向的行為主体は何らかの目標を追求し、行動に関する決定を下す。ゆえにそれらの生物は、知覚された環境の諸側面のうち、自己の目標や行動に関連するものに注意を向けなければならない。要するに、注意とは一種の目標指向的な知覚なのである。[21]

行動する行為主体の注意の対象になるのは、物体ではなく状況である。なぜなら個体が持つ目標や基準値は、追求されるべき事実的な状況として表象されるからだ。私たちは物体や場所に目標として言及することがあるが、実際には目標は必要な物体を獲得すること、あるいは必要な場所にいることにある。[22] 目標や基準値が望ましい状況として内的に表象されるのであれば、効率のよい目標指向的な行動を起こすためには、生物はそれに類似する表象フォーマットを用いて、環境内の関連状況に対して注意を向けねばならない。ここで、コオロギの捕食という目標を抱いて待ち構えるトカゲについて考えてみよう。そこへ一匹のコオロギが現れる。トカゲは次に何をすべきかを決定するために、一つの知覚に内在するいくつかの状況（や事実）に注意を向ける。そのコオロギは、捕まえられる大きさか、茂みの高い位置にとまっているのか、こっちに近づいているのかなどといった状況だ。それらのさまざまな状況は、複数の異なる知覚としてとらえられるのではなく、すべてが同じ知覚イメージとしてトカゲの網膜に同時に提示される。ゆえに、コオロギを追うにはさまざまな行動を起こさねばならないため、それを捕食するという目標を実際に追求すべきなのか否かに関して妥当な決定を下したければ、トカゲはこうした関連状況に注意を向けなければならない。かくして関連性は、行動に関する意思決定の指針として、その生物の目標に応じて決まるのである。[23]

次に、目標指向的行為主体の登場とともに経験的ニッチの根本的な変化が生じる。生物は単に快い刺激や不快な刺激を知覚するのではなく、目標の追求に関連する状況に注意を向けるようになる。目標の追求に関連する状況には、（1）目標達成の好機（コオロギが茂みの低い位置にとまっているなど）、（2）目標達成に対する障害（近くにヘビがいるなど）の二種類がある。言うまでもなく、好機と障害は生物の行動能力との関係で定まる。目標に関連する行動の好機や障害は、行為主体的ニッチというまったく新たなタイプの経験的ニッチを構成する。生物種の経験的ニッチの変化は特定の行動の変化に起因することがもっとも多いが――たとえば新種の獲物の登場によって捕食行動が変化すると、その獲物に対する新たな知覚能力が生じる――、この場合、その個体が持つ、行動を起こすための基本的な組織構造が変化すると、それによって経験的ニッチの基本構造が変化する。自然選択による進化のプロセスを擬人化して言えば、予測不可能なあり方で変化する環境に効率的に対処する能力を生物に与えるために、自然は新たなタイプの行為主体を生み出したのかもしれない。そのような個体は注意を介して得られた情報をもとに意思決定を下すことで、特定の目標に向けて柔軟に行動し、自己の行動を適宜コントロールする。その際個体は、目標達成の好機や障害になる環境要因に対して注意を向ける必要がある。これは、非行為主体が経験することのない、まったく新たなタイプの経験的ニッチだと言えよう。

図3・4は、目標指向的行為主体が実装する基本的なフィードバック制御システムの（階層構造をなすシステムの一つのレベルにおける）組織構成を描いたものである。この図では、サーモスタットの単純な知覚は関連状況に対する注意によって、またサーモスタットの機械的な比較器は実行か中止かという形態で具体化される、行動に関する決定によって置き換えられている。抑制は、単純に中止の選択として概念化されている（たとえばトカゲが獲物を食べている最中に捕

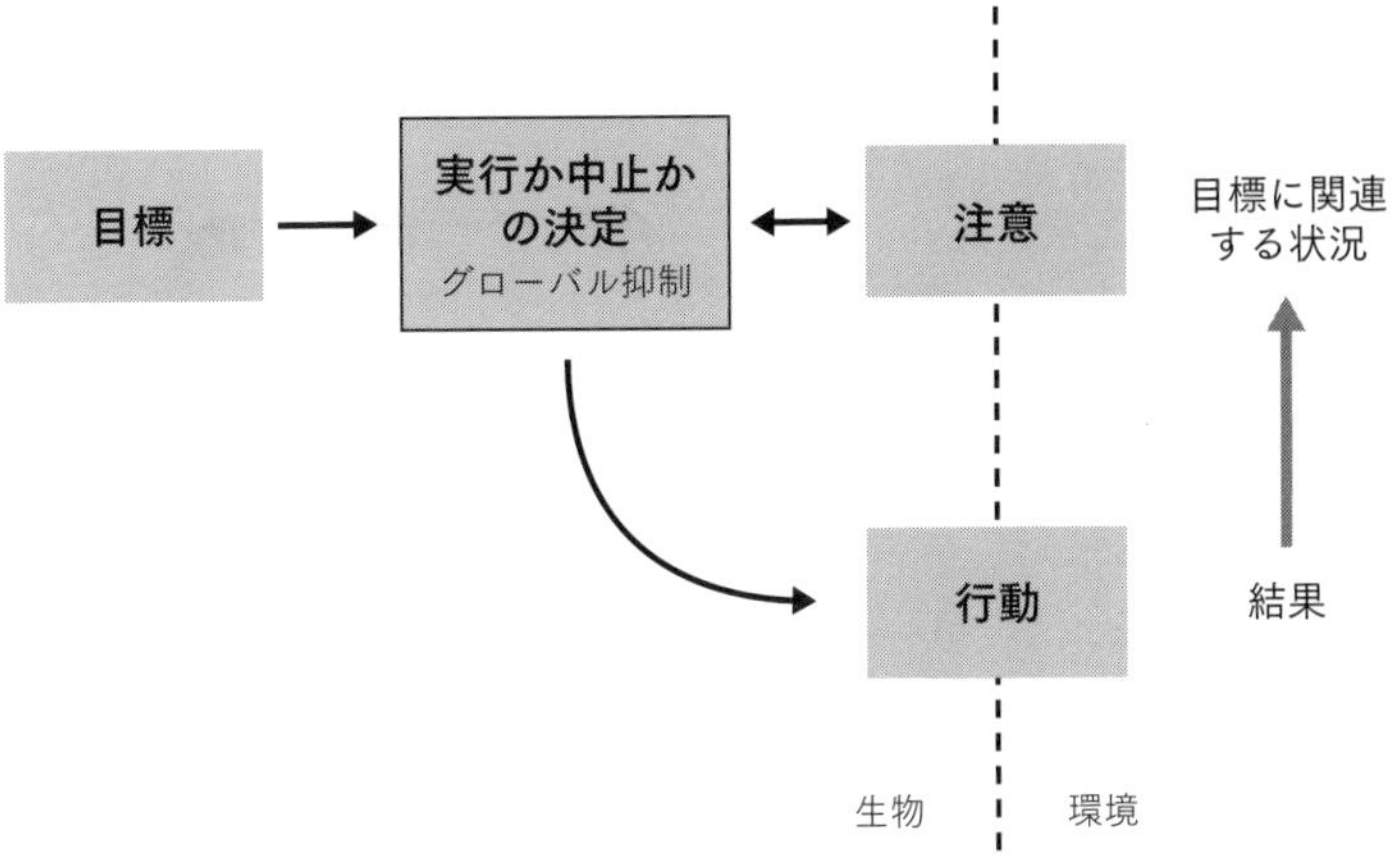

図3.4
目標指向的行為主体が実装するフィードバック制御システムの組織構成。

食者が出現すれば、トカゲがまずすることは獲物の摂食を中止することである)。生物は自己の行動の結果に注意を向け(上向きの灰色の矢印)、調節の可能性の見極めと、より長期的な学習の両方のために、直接的なフィードバックを受け取る。

行為主体の基盤

行動主義は過去のものとなったが、その残滓は、今でも行動科学を専門とする研究者の傾向に認められる。彼らは、あたかも生物がじっとして刺激されるのを待っているかのごとく、刺激と反応という用語で生物の行動を語ろうとする。その見方はアメーバやその他の刺激に駆り立てられて行動する生物には当てはまっても、意思決定を下す目標指向的行為主体には当てはまらない。意思決定を下す目標指向的行為主体は、外界に働きかけることで能動的に自己の目標を追求し、基準値を維持する。それを基本的に絶えず行ない、実験装置の前でエサが出現するのを待っているときでさえそうする。また目標は、行動主義者が考えているような神秘的実体などではなく、生物が望み、実現するよう動機づけられている世界に関するオフラインの〔外界とつながっていない〕知覚——知覚的に想像された状況——にすぎない。そして生物は、現実世界のもとで望ましい状況が実現したことを知覚するまで、行動し続けるのである。[24]

したがって行動する行為主体の基盤は、トカゲや他の目標指向的行為主体に認められるようなフィードバック制御組織にある。目標指向的行為主体は、単に刺激に駆り立てられて行動するのではなく、自己の行動を特定の目標に向けて導く。知的行動には、このプロセスが不可欠である。なぜなら、目標がなければ効率性や成功には何の意味もないからだ。また目標指向的行為主体は、情報に基づく意思決定を介して自己の行動をコントロールする。それには不要な行動を抑制し、新たな形態の行動の柔軟性を導く可能性がともなう。その種の情報に基づく意思決定は、特定の目標に対して好機や障害になる状況にその個体の注意を向けさせる。これは落ち葉掃除機のような機械との重要な相違点である。そのような機械は固定配線された方法で環境を感知するだけであり、目標に関連する状況に柔軟かつ選択的に注意を向ける能力を欠いている。

だが、目標指向的行為主体は柔軟な意思決定者として機能するとはいえ、単純な決定しか下すことができない。複数の行動の可能性を同時に評価し選択することはなく、実行か中止かの決定を順番に一つずつ下していく。そのような方法を取るのは、もっぱら知覚と行動によって構成される単一の心理階層から行動が発する生物だと予想される。より複雑な行為主体に見られるように、この心理階層に加えて、意思決定と認知制御から成る実行層（複数の行動計画を策定し、行動を起こす前にそのなかから実行すべき計画を選択する）から行動が発する生物は、そのような方法を取らない。左右相称動物からさまざまな進化の経路を追えば、平行進化のプロセスに基づいて出現した他の目標指向的行為主体が見つかる可能性は非常に高い。とりわけアリやミツバチなどの真社会性昆虫の柔軟な行動は、それらの生物も——少なくとも一部の行動を司るいくつかのコンポーネントにおいて――目標を追求し、決定を下していることを示唆する。実験データが示すところによれば、たとえばアリは食物を集めるとき、巣から離れる際にいわば巣のスナップ写真のようなものを撮っておき、食物を見つけたあとでそれを目標に巣に戻るという[25]。それでもアリの行動は、あらゆる目標指向的行為主体の行動と同様、刺激に駆り立てられている場合が多く、その意思決定は依然として実行か中止かを決めるタイプのものにすぎず、学習は既知の行動をいつ実行すべきかに関するものでしかない。

行為主体性の進化をもたらした自然選択の圧力は、対象特定的なたぐいのものではない。つまり、ダーウィンが観察したフィンチに、特定の資源の性質に見合ったさまざまな捕食様式の進化をもたらしたタイプの選択圧とは異なる。行為主体性の進化をもたらした選択圧は、生物の個体群が、たとえば賢い獲物や捕食者が生息するなど、不確実性に満ちた生態的ニッチに入り込んだときに生じる。要するに、環境がつねに同一の様相を呈する場合には（たとえば濾過摂食者にとっては、食物は、体をよじれば届く程度の距離につねに存在し、開いた口に入ってくる）、刺激によって始動し開ループ制御に依拠する、生得的な行動組織でもうまく機能する。しかし新奇性や不確実性が生じると、「刺激と反応」に基づいて行動する生物は絶滅せざるを得ない。なぜなら、その生物の個体はつねに「最後の戦争を戦う」よう強いられている〔これから起こりそうなことではなく、すでに起こったことに対処するしかない〕からだ。だがフィードバック制御組織が出現すれば、自然は非常に重要な目標を先天的に個体に組み込むとともに、関連する状況に注意を向け、情報に基づいてなすべき行動を決定することで柔軟に目標を追求する能力を個体に与えることもできる。トカゲはうまそうなコオロギを欲することを選択しているのではなく、目の前にいるコオロギを追いかける方法を選択しているのである。

そのような行動様式は、階層構造をなすフィードバック制御システムの存在を前提とする。生物の最高レベルの目標には、養分の摂取、捕食者からの逃走、生殖などの行動が含まれる。それより下位のレベルには、最高レベルの目標を実現するための手段になる、移動や他のさまざまな具体的行動が含まれ、個々の行動は、必要に応じてより包括的な活動へと統合することができる（つまりモジュールとして機能する）。そのような包括的な活動に着目すれば、いかなる具体的な行動（図3・3で言えば、トカゲによるアリの捕食）に関しても、階層構造全体や行動の順序は、生得性の（刺激によって駆り立てられる）度合いや、個体による制御（目標指向性）の度合いが異なる、さまざまなコンポーネントやレベルから構成されていることがわかるはずだ。任意の活動が種々のコンポーネントのかくも複雑な混合によって構成されているという事実は、特定の活動が「生得的な」ものなのか、それとも「学習された」ものなのかを決定しようとしても無益であることを意味する。さらに言えば、同一の行動がより高いレベルの複数の活動へと（モジュールとして）統合されることが多い。たとえば望ましい場所へと移動するトカゲの能力は、捕食、逃走、巣穴の発見などのさまざまな活動で用いられる。これは進化心理学で言う、単体の行動のみを対象とする標準的なモジュール性とは異なるタイプのものだ。したがって、「階層的モジュール性」と呼ぶのがふさわしい。

自然が階層構造における最高レベルの活動に変化を引き起こすと、下位レベルでの行動調節が促され、最終的にはそのために必要な生物学的適応が生じる。進化による変化の多くは、こうして生じている。だからたとえば、トカゲの個体群が従来とは異なる新たな昆虫種に対する嗜好を獲得することで、入手可能な獲物の変化に適応すると、獲物を追い立てて捕らえるために必要な知覚や運動の能力に対して、その新たな獲物を狩ることができるよう調節する方向へと選択圧がかかる（新たな昆虫種を捕らえるために木に登る必要が生じるなど）。ものごとを「トリクルダウン式」に〔上から下へと〕作用するものとしてとらえる、このような見方は、ある生物における特定の機能の変化が、あまたの小さな個別的適応の産物なのか、それともより大きく包括的な一つの適応の産物なのかという問いに答えるにあたって、より緻密な視点を与えてくれる。その問いに対する答えは両方である場合が多い。だから新たな昆虫を捕らえるために必要になる、木に登るという新たに獲得された能力は、独立したモジュールとして考えられるのかもしれないが、そのプロセスは、木に登る能力――新たな昆虫の捕獲という目標――が出現した、より大きな行動の文脈によって「方向」づけられている。行動や心理を司る組織が階層構造をなしているという点を看過すると、進化のプロセスを過度に単純化して見ることにつながる。異論はあろうが、「階層構造をなすモジュール」や「トリクルダウン式の進化」という概念は、生物種の行動や行動組織が時間の経過につれ変化する複雑なあり方に関する、より正確な見取り図を与えてくれる。

一般に、行動の進化に関する、この階層的かつトリクルダウン式の見方は、行為主体の行動が単に自然選択の対象であるのみならず、進化的な変化のプロセスを引き起こす力でもあることを示唆する（ジャン・ピアジェは、行動を「進化の原動力」と呼んでいる）。[26] 新たな昆虫種が突然出現したら、まさにそれが新たな種であるがゆえに、トカゲはそれを捕らえるよう行動適応することができない。その昆虫種がトカゲの生態系の一部をなしたことはそれまで一度もなかったのだから。それでも、目標指向的な注意と意思決定という行為主体としての柔軟な能力を用いて、既存の行動スキルを拡張して、新たな昆虫を獲物の一部に組み込むことに成功するトカゲの個体も出てくることだろう。その種の行動の拡張は、遺伝的変化ではなく行為主体の行動実行によってなし遂げられる。それゆえ、進化的な変化のプロセスにおいて、行為主体とそれが持つ柔軟に組織化されたスキルが、かなりの程度因果的な役割を果たしていると言えるだろう。こうして生物が新たに獲得した効率的な行動は、新たな昆虫の追跡に役立つ遺伝的な変化（いわゆる遺伝的同化）を可能にするのである。

第4章　意図的行為主体——太古の哺乳類

未来の目標の追求やそれを達成するための手段の選択は、（……）心的現象の存在のしるしでもあり尺度でもある。

——ウィリアム・ジェイムズ『心理学原理』

前章で見たように、トカゲや他の爬虫類は、——シー・エレガンスとは対照的に——柔軟に行動する意思決定者である。しかし哺乳類と比べると、爬虫類の行動はやや定型化されており、柔軟性を欠く。というのも、およそ二億年前の哺乳類の誕生とともに、個体が自己の行動を管理コントロールする方法が根本的に変わり、それによって行為主体の行動様式に大きな飛躍が生じたからだ。哺乳類は、ただ柔軟というだけでなく意図的に自己の行動を目標に向けて導く。つまり実際に行動を起こす前に、目標達成に向けて取ることのできる、いくつかの可能な行動の計画を認知的にシミュレートするのだ。また実行か中止かの決定を下すだけでなく、あれかこれかの行動選択を行なうことで自己の行動をコントロールする。つまりいくつかの可能な行動計画によってもたらされる結果を評価し、次に自己の行動を、実行中に認知的に監視しコントロールするのである。

この新たな機能様式をもたらした進化的に新しい心理組織――私はそれを意図的行為主体と呼んでいる――は、第一により柔軟な形態の動機づけメカニズムによって可能になった。哺乳類の個体は単に決められた目標に向かって行動するのではなく、必要なら無効にすることのできる、より柔軟な情動や動機に依拠して行動する。それに加え、哺乳類の個体発生のプロセス〔以後は「個体（個人）の発達」と訳す〕（生活史）は学習や認知の発達が大きく関与しており、外界（外的環境）に生まれ落ちたあとでゆっくりと進展する。またこのプロセスは、必要に応じて、すでに学習したことを棄却したり再学習したりすることを可能にする。しかしこの新たな心理メカニズムの真の力は、知覚と行動から成る操作機能層（操作層）のみならず――この層はすでに目標指向的行為主体が備えていた――、意思決定と認知制御から成る実行機能層（実行層）も含む、新たなタイプの心理組織を形成し、それを行使できる点にある。二階層から成るこの新たな操作方式によって、個体は柔軟に行動できるだけでなく、ある意味で自分が何をしているのかを知ることも可能になる。

本章でも、人類に至る進化の経路とは分かれる方向へと爬虫類から分岐した生物は考慮の対象からはずす。それらのなかには、すぐれた知性と行為主体性を持つ生物がいるのは確かだ。もっとも重要なのはカラス科とオウム目の鳥類（カラス、カケス、インコなど）で、それらの鳥はほぼ間違いなく、おそらくは平行進化のプロセスによって、哺乳類が持つものに類似する実行制御のスキルを進化させた。とはいえ、それは本書が扱うテーマではない。

情動、認知、学習

人類に至る進化の経路上に出現した最初の哺乳類は、およそ二億年前に登場した、リスに似た小さな生物であった。本書でモデル生物として用いる現存のリスは、明らかにその太古の生物とは異なり、将来のために木の実を蓄えておくなどといった、太古の哺乳類が備えていなかった、いくつかの特殊な適応能力を備えている。他の太古の哺乳類も現存の哺乳類も、独自の特殊な適応能力を備えているが、本章では、哺乳類が持つもっとも基本的な心理機能の様態——それが何をするのかではなく、どのように機能するのか——に着目する。そしてそれは、一般に哺乳類全般に同様に当てはまると想定する。

新たな行動様式の獲得へと初期の哺乳類を導いた生態的な条件は、ここでも生態的ニッチの不確実性が関与していた。初期の哺乳類にとってカギになったのは、新たな社会的ニッチであった。爬虫類はたいてい単独で行動する捕食者であるのに対し、ほとんどの哺乳類は何らかの形態の社会集団を形成して生活し、捕食を営む。したがって初期の哺乳類は、捕食の生態的条件によって生み出された複雑性に加え、食物や他の資源をめぐって集団の仲間との競争が激化することで生

図4.1　2億年前に出現した初期の哺乳類の想像図。

じた複雑性にも対処しなければならなかった。集団のメンバーのすべてが食物の豊富な区画を同時に見つけた場合、迅速で効率的な決定を下すことができれば、特別な利益が得られる。集団の仲間たちはまったく同じ状況に置かれているので、仲間を出し抜いて食物を手に入れるために、認知スキルの「軍拡競争」が生じる（落ち葉掃除機についてもう一度考えてみよう。ただしここでは、落ち葉掃除機は、他の類似の機械と綺麗な落ち葉をたくさん集めることを競うものとする）。それに加え、多くの哺乳類は社会関係に基づいてチームのパートナーと連携しながら、他の生物と競争する。初期の哺乳類は、この新たに生じた複雑な社会生態的状況のもとで行動することで、心理的なスキルや動機づけのみならず、より効率的な意思決定を下すための手段など、新たな機能を進化させたのである。

初期の哺乳類が獲得した機能は、新たなあり方で組織化された三つの心理的な能力から構成される。第一に、哺乳類は自己の行動を動機づける新たな方法を進化させた。目標達成に対する抑えのきかない欲求のみならず、より柔軟な動機や情動によって行動が動機づけられるようになったのだ。たとえば、捕食者に対する多かれ少なかれ固定化された反応の代わりに、内的な心理状態、すなわち怖れの情動を進化させた。怖れは逃走しようとする「行動傾向」[1]を触発するが、より有益な事態が生じた場合には別の行動を引き起こせるだけの柔軟性も備えている。あるいは他個体に攻撃されたときには、ただちに報復するだけでなく、闘おうとする行動傾向を触発する怒りの情動を経験するようになった。またその際、闘うか否か、またいかに闘うかは、知覚情報に基づいて決まる、その他の行動の選択肢《オプション》の価値に照らして調節されるようになった。要するに、情動や動機は特定の行動を起こす「行動傾向」の強度を決定づけるのであり、その結果実行される行動も変わりうるということだ。こうして哺乳類の意思決定はより柔軟かつ複雑なものになり、個体は同時に動機づけられた一連の行動オプションのなかから、あれかこれかの選択を行なうようになる。この新たな動機づけメカニズムを実現する脳の基盤に関する古典的な見方では、辺縁系を備えていない爬虫類の脳は情動を完全に欠いており、哺乳類の情動脳とは対照的だとされていた。[2]今日の研究者は爬虫類脳と哺乳類脳の差異をさほど重視していないが、[3]「辺縁系」は（それがいかに概念化されていようと）、爬虫類より哺乳類の行動において重要な役割を果たしていると思われる。

第二に、哺乳類は激化した社会的競争のもとで、より迅速かつ的確な決定を下すために、いくつかのより柔軟な認知能力を新たに進化させた。かくして集団の仲間と社会的競争をするなかで、(生物種によって異なる) 捕食の好機を巧みに利用する方法や、捕食中の障害を回避する方法を迅速かつ正確に評価することが重要になった。そのような評価には、空間認知や時間認知に関するスキルから、他個体の行動を予測するスキルに至るまで、ありとあらゆる高度なスキルが関与していたはずだ。さらには、たとえば想像上の認知シミュレーションを行なって行動を起こす前に計画を立て、次に計画した行動の実行を監視し監督することで、意思決定に際してコストのかかる過ちを避けることが重要になった。この新たな認知スキルを実現する脳の基盤に関して言えば、哺乳類は、六層から成る新皮質 (ニューロンの数とそのサブタイプにおいて爬虫類の三層構造をはるかに凌駕する) や、機能的に特化した多数の脳領域、ならびに左右の脳半球を接続し、より迅速な情報処理を促す脳梁を備えている。(4)

第三に、哺乳類は学習が大きく関与する個体の発達 (生活史) パターンを進化させた。哺乳類の個体は、(トカゲのように卵の内部で急速に成長するのではなく) 環境と相互作用しつつゆっくりと成長を遂げる。哺乳類の幼獣は、養分を母乳に頼り、母親の警戒心に依拠して保護と安全を確保する。この生活史のパターンは、母親にとっては負担になり、幼獣にとっては危険なものだが、それを埋め合わせるだけの大きな利点がある。その利点とは、食物を探したり捕食者から逃走したりするために時間やエネルギーを費やさずに済ませられるので、幼獣が周囲の環境について（爬虫類がしないような遊びをしながら）学習することに集中できることだ。成獣になる頃には、哺乳類の個体はさまざまなものごとを学んでいる。かくして学んだことは、生得的な適応行動より簡単に捨て去ったり変更したりすることができる。また哺乳類は、自己の行動が、環境内で生じる結果にいかに因果的な影響を及ぼすかを理解することによって、道具的学習（道具的条件づけ、つまりオペラント条件づけとは異なるので混同しないように）と呼ばれる新たなタイプの学習を行なうことができる。物理的、社会的環境と相互作用しながら学習し成長すること、そして必要なら学習したことを捨て去ることは、哺乳類の行動の柔軟性に大きく寄与している。

より柔軟に動機づけられた目標や、認知や学習に関わる強力なスキルを介して自己の行動を導くという哺乳類のあり方は、基本的なフィードバック制御システムをより柔軟にした。このフィードバック制御システムの核心は、まったく新たな心理組織の階層、すなわち実行層の働きに求められる。つまり実行層は、行動ではなく行動する意図を生み出すという、より柔軟な形態の計画や意思決定を可能にし、さらには意図を行動へ転換する際の厳密さを自己調節できるようにしたのである。かくして哺乳類は、意図的行為主体になったのだ。

実行層

実行機能――認知制御とも呼ばれる――の研究は従来、個人間の差異、とりわけ脳損傷や老化による認知能力の低下に焦点を絞ってきた。この研究分野は、興味深い現象や紛らわしい専門用語に満ちている。実行機能の代表的な定義は次のようなものだ。

実行機能とは、とりわけ例外的な状況のもとで特定の目標に向け、行動を強制的に導くために用いられるプロセスを意味する。さまざまな機能や能力が実行機能に分類されると考えられている。それには、行動に優先順位をつけその実行順序を決めること、馴染みの行動や定型化した行動を抑制すること、当面の目的にもっともふさわしい課題や情報に関する考え（注意セットあるいはメンタルセットと呼ばれることも多い）を生み出し維持すること、注意をそらさせる情報や、課題とは無関係の情報を無視すること、課題を達成するために目標を切り替えること、意思決定に資する関連情報を利用すること、さまざまな項目間の共通要素を分類などの手段を用いて抽出すること、新たな情報や状況に対処することなどが含まれる。(5)

実行機能の定義には、たいていさまざまな機能や能力が列挙されている（この例では八項目が含まれている）。その理由は、この研究分野が、実行機能を評価する、数ある多様な臨床課題と強く結びついているからだ。臨床課題が重要なのは、その成績から個人の心理機能に関するあらゆる種類の重要事が予測できるからである。しかし本書の観点から見た場合に問題になるのは、課題の大半が人間の能力に焦点を置いていることである。つまり、(ストループテスト、ウィスコンシンカード分類テスト、数字スパン記憶テストなどの明示的な規則に基づくテストに見て取れるように)実験者が提示する、言語によって表現された抽象的な規則を忠実に守る人間の能力に焦点が置かれているのだ。他者によって作り出された明示的な規則の遵守は、リスや他の人間以外の哺乳類が必要とするスキルではない。その点に鑑みれば、実行機能の核となる事象は、自らが生み出した目標の追求に関連する、いくつかのより基本的なプロセスから構成されると見なすべきだろう。

認知科学者たちは、機能や能力を整理するためにさまざまな試みを行なってきたが、広く受け入れられている類型は、次の項目から構成されている。(1)抑制(抑制制御、自制、行動抑制、さらには干渉制御、選択的注意、認知抑制を含む)、(2)作動記憶《ワーキングメモリー》(心の内部に情報を保ち、その情報をさまざまな方法で心的に操作する)、(3)認知の柔軟性(創造性に密接に結びついたセットシフティング、心の柔軟性、メンタルセットシフティングなど)(ダイアモンドの論文(6)から言い換えて引用した)。このような定式化は役には立つが、そこには用語の混乱が見られる。たとえば「抑制」は基本的な心理プロセス、「ワーキングメモリー」はそのもとで基本的なプロセスが作動する認知メカニズム、「認知の柔軟性」は個人やプロセスが持つ特徴であるように思える〔各項目の分類の基準が一貫していないということだろう〕。したがって本書の目的を達成するにあたって必要なのは、より一貫した定式化であり、よって私は、心理的な監視や制御を司る独立した実行層の追加を提案したい。この実行層はそれ自体がフィードバック制御システムをなし、自己の行動の管理コントロールを支援する、新たな形態の意思決定や行動監視のメカニズムを備えている。

ここで必要になるのは、反応的《リアクティブ》な形態の実行機能と先見的《プロアクティブ》な形態の実行機能の区別である。ブレイバーによれば、

プロアクティブな制御モードは、「初期選択」の一形態として概念化することができる。このモードでは目標に関連する情報が能動的に維持される。そして認知的な負荷がかかるできごとが生じる前に、目標指向的に最適になるよう、注意、知覚、行動のシステムにバイアスがかけられる。それに対してリアクティブな制御モードのもとでは、注意は「あとづけの補正」メカニズムとして機能し、障害になるできごとが検知されたあとなど、必要なときに適宜動員される。このように、プロアクティブ的な制御は障害の予期と予防に、またリアクティブな制御は障害が起こったあとの、その検知と解決に依存している。(7)

この基本的な区別によって、爬虫類と哺乳類のあいだに境界線を引くことができるだろう。ここで、トカゲにおける実行機能の存在を示唆する実験的な証拠は、トカゲが逆転学習や迂回学習の課題をうまくこなせる点にあったことを思い出そう。それによって私が言いたいのは次のこと

だ。それらの課題においてトカゲが用いているのは、以前は成功した行動を抑制するために、状況の突然の変化や障害の検知に対する反応として活性化されたリアクティブな制御にすぎない。その種の抑制には、二つの独立した階層から成る心理機能、ましてやプロアクティブな実行制御のプロセスは必要でなく、より緊急な事態が発生した際に、実行中の行動を「凍結」することを可能にする、グローバル抑制という目標指向的行為主体が備える単純なプロセスがあれば十分であるように思われる。

それとは対照的に、哺乳類はエラーの予測を含めプロアクティブな実行制御を用いている。単純に作用するリアクティブな抑制とは異なり、プロアクティブな実行制御は、知覚と行動から成る操作層と実行層という、二つの独立した階層を必要とする。実行層は操作層をいわば監視し、行動計画と認知制御を介して行動に関する決定の支援を試みる。この仕組みによって、個体は先見的に計画を立てて実行し、実行中に不測の事態や干渉が生じたときには、必要に応じてそれに反応することができる。このより意図的で柔軟な行動様式は、意図的行為と呼ばれることが多い[8]。意図的行為を遂行するためには、個体は自分に実行可能な行動や、それに対する潜在的な障害や好機、さらにはその行動によって起こりうる結果を組織的かつ認知的にシミュレートすることができなければならない。個体はそれを、実行層によって提供される共通の認知空間と表象フォーマットを用いて、それらすべての行動要素を知覚的にイメージすることで実行する。この新たな形態の心的活動は、爬虫類や他の目標指向的行為主体のものよりはるかに拡大した哺乳類の前頭

前皮質——ほとんどの実行機能の司令部として広く知られている——に支えられている。(9)

以上のように、哺乳類の行動は目標指向的であるばかりでなく意図的でもあり、その個体は、認知シミュレーションや計画立案《プランニング》によって、自己のさまざまな行動を、それぞれの利点を比較することで、より柔軟に組織化し選択する能力を備えている。ブルナーによれば、意図的行為の肝は、個体が同一の目標を目指す複数の行動の候補を準備しておき、その目標の達成に向けてそれらの行動を必要に応じて試してみることができる点にある。(10) ピアジェは、意図的行為においては、個体が計画段階と実行段階を通じ、前もって「心の内部」——つまり実行層——に目標を保持しておき、どの行動を実行するかを決定してから実際に実行するという点を強調している。(11) そのような複雑性がもっとも明確化するのは、特定の目標を達成するためにさまざまな行動を一定の順序で行なわねばならない場合や、目標に向かう経路の途上にある障害物を取り除くなどといった作業を実行するために、一つの包括的な行動に別の行動を下位計画《サブプラン》として埋め込まなければならない場合だ。たとえば、枝を伝って木の実を採集するために取るべき経路を計画するリスは、途上にある邪魔な枝を取り除くというサブプランを考案するまでは、その計画を実行に移さないだろう（その種のプロセスが「ワーキングメモリー」を必要とすることを強調する研究者もいる）。そのような行動計画を生物がいかに柔軟かつ効率的に達成することができるかは、その生物種が備えている認知スキルと当該の個体が持つ学習経験によって決まる。

したがって、爬虫類のような目標指向的行為主体と哺乳類のような意図的行為主体の主たる違いは、哺乳類が知覚と行動から成る操作層に基づいて活動するだけでなく、その操作層が意思決定と認知制御から成る実行層の監督を受ける点にある。図4・2で、灰色の主要なコンポーネント（1）目標（この図では目標／動機）、（2）（関連する状況に対する）注意、（3）行動（とその結果）は、それらすべてがフィードバック制御システムの基盤を構成しており、その点では目標指向的行為主体のものと同じか類似する。たとえばフィードバック制御システムは、新たな形態ではあれ依然として意思決定を含んでいる。しかし図の最上段に描かれた意思決定と認知制御から成る実行層は、独自のフィードバック制御システムとして作動する。この層は、目標指向的行為主体にはなかったまったく新たなもので、その目標は、操作層のみによって下された場合よりも「的確な」行動決定を下すことにある。つまり個体は、独自の認知、知識、価値観の観点から、複数の行動計画と、それらおのおのの予想される結果に関して想像上のシミュレーションを先見的に実行し、しかるのちに各行動計画とその実行結果を評価してあれかこれかの決定を下すことで、より的確な決定を下そうと試みる。その結果は行動それ自体ではなく行動する意図として生じ、それが行動実行の目標となるある種のひな型《テンプレート》となって生物の行動を導くのである。このプロセスは一種の認知制御であり、それによって意図した行動の実行中、事態の順調な進行が保たれる。このプロセスの一部として、爬虫類に見られる行動のリアクティブな抑制は、プロアクティブな抑制制御に転換され、それによって個体は、予想される結果と、種々の可能な行動の比較に基づいて、より柔軟に行動実行を抑制することが可能になる。次の二つの節では、実行層に

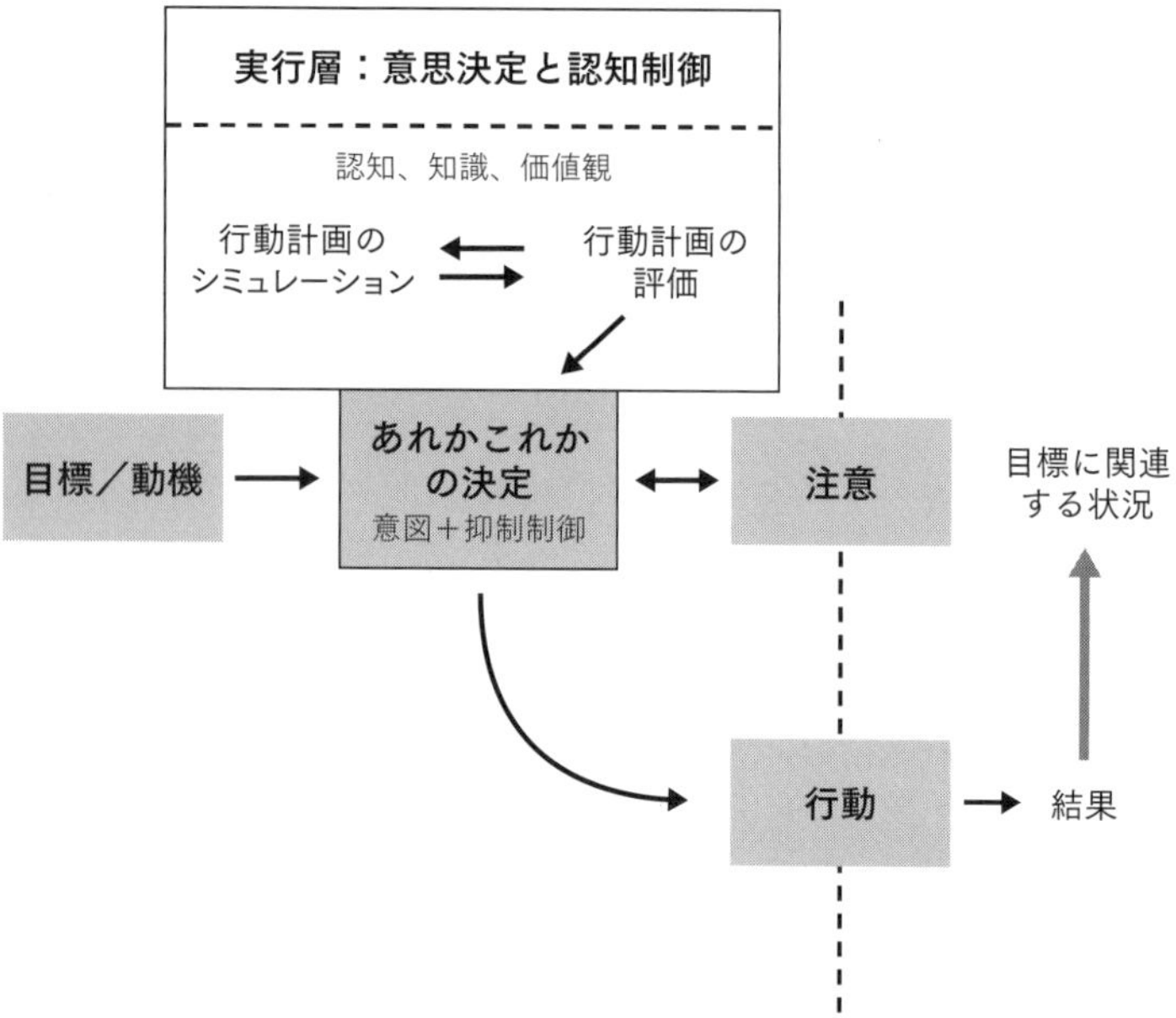

図4.2
哺乳類の意図的行為主体の組織図。灰色のコンポーネントは、爬虫類や他の目標指向的行為主体の持つものと同一もしくは類似する（新たなタイプの意思決定などの内的な違いはある）。最上段のコンポーネントは、意思決定と認知制御から成る哺乳類独自の階層をなす。

よる意思決定と実行（認知）制御について、自然な流れに従って詳細に検討する。

行動実行に関する意思決定

リスや他の哺乳類はトカゲなどの爬虫類とは異なり、行動を起こす前に、認知的に表象されたいくつかの行動オプションのなかから、先を見越してあれかこれかの選択を行なうことが多い。次の例を考えてみよう。リスが木の枝にとまって、数メートル先にある別の枝に、飛び移るべきか、いったん幹に下りてから移るべきかを決定しようとしている。リスは飛び移ろうとしていったん体を丸くするものの、すぐに怖気づく。もう一度身を丸くするが、再び怖気づく。結局飛び移ることはあきらめて、いったん幹に下り、そこからおもむろに望みの枝に移動する。このリスに何が起こったのか？　一つの可能性として、リスは一種の認知シミュレーションを実行したことが考えられる。つまり望みの枝に飛び移った場合と、いったん幹に下りた場合に何が起こるかを（一種のオフラインの知覚によって）想像し、心的な試行錯誤を繰り返すことによって両者を比較したのだ。そうすれば、失敗しても致命的な結果を引き起こさずに情報を得ることができる。(12)

その種の意思決定には、絶え間なく対話を続ける二種類のコンポーネントのプロセスが関与している。一つは、複数の可能性を認知的にシミュレートし想像してみることで、もう一つは、各可能性を評価しそのうちのどれか一つを選択することだ。まず認知シミュレーションは、明らかに何らかの形態の認知表象と、想像上でそれを操作する能力を必要とする。哺乳類にとって、認知表象はもっぱら知覚に依拠する象徴的かつ写象的なものである（哺乳類の認知表象は、知覚の正確な複製ではなく、分類的、あるいはイメージスキーマ的なもの〔イメージスキーマとは、認知プロセス内に繰り返し出現する、理解や推論の確立をもたらす構造をいう〕でもありうる）。次に認知表象は、まだ生じていない状況を想像するために用いられる（ただし、すでに経験したことのあるタイプの状況に限られる可能性が高く、かくして事実に反する表象は排除される）。認知表象の内容は、起こりうる外界の状況と、その状況において可能な行動、ならびにそれによって生じうる結果が結びついたものである。実行層が必要になる主たる理由は、外界の状況に対する注意がおもに視覚、聴覚などの感覚に依存するのに対し、行動計画が自己受容感覚に依存するからだ。その種の領域横断的な比較には、意図する行動と外界における結果を（おそらくは知覚に基づくイメージスキーマ的なフォーマットで）同時に想像することを可能にする、共通の作業空間と表象フォーマットが必要である。もちろん、それらによって表象される経験の正確な内容は、生物種独自の認知能力と経験的ニッチによって変わる。

可能な行動とその結果を認知的にシミュレートするプロセスは計画立案《プランニング》と呼ばれる。実行層を欠くトカゲや他の爬虫類が自己の行動のプランニングを行なうことはないのに対し、リスや他の哺乳類は行なう。この差異は、より目標指向的で情動に依拠する行動傾向（一般に問題の解決が緊急に求められ、迅速な反応が必要になるため、自然によって強くコントロールされている）と、何らかの形態の思考様式や行動計画が関与する行動傾向（複数の可能な行動計画をシミュレートし、そのなかから一つを選択するので、より多くの時間を要する）の違いを反映する。[13] このような行動計画とその結果をシミュレートする認知様式は、種々の可能な行動を実現した結果として外界がいかなる様相を呈するかを個体が（想像によって）予測する、何らかの形態の「予測処理」を必要とする。[14]

動物の行動や認知の研究者は、そのようなシミュレーションを評価するにあたり、（人間の意思決定の科学の知見を援用して）複数の行動計画から選択する際には、（1）それぞれの行動計画を実行したときに予想される結果の価値、（2）それぞれの行動計画が予想される結果を現実にもたらす可能性（これは当面の状況における自己の目標に関連する好機や障害、ならびに可能な行動に関する認知的評価に基づく）を考慮する必要があると仮定している。この評価プロセスは、生物が同一の目標に対する二つの可能な行動計画のうちの一つを選択するとき（この場合にはおのおのの計画の成功の可能性のみを考慮すればよい）にも、予想される結果が異なる二つの可能な行動計画のうちの一つを選択するときにも作用する。すべての行動計画の評価が否定的なものであった場合、生物は実際に行動を起こす前におそらくは複数の計画を順番に並べたり、入れ子にしたりして複雑な操作を施すことで、行動計画と予想される結果の評価をやり直すだろう。かくして選ばれた「最善の」行動計画が、複雑さの程度に関係なく実際に実行されるはずだ。以上のような、行動と結果の組み合わせとその評価のあいだの想像上の対話は、実行機能層でのみ行なうことができるのである。

リスや他の哺乳類が概してこのように活動していることが、三系統の実験によって裏づけられている。第一の実験系統は次のようなものである。チョウらは、五匹のハイイロリスに逆転学習の課題を与えた。[15] その結果、ハイイロリスはトカゲと同様、逆転学習に非常に長けていることがわかった。それに加え、トカゲとは異なり、行動を起こす前にいくつかの行動オプションを同時に考慮していることを示す証拠が得られた。具体的に言えば、〔エサの隠し場に関する〕あるオプションを選ぶと褒美が得られ、別のオプションを選んでも褒美が得られることを学習していくとき――その時点での評価はほぼ同じだった――、ハイイロリスは動作をいったん中止して二つのオプションを交互に見ることが多かったのだ（著者たちは、その行動を「ヘッドスイッチング」と呼んでいる）。この特異な行動には他の解釈も可能ではあるが、実のところ類似の行動は、はるか昔に行なわれたトルマンの実験で、リスのげっ歯類の近縁種ラットにもすでに観察されていた。[16] なおトルマンは、それを「代理的試行錯誤」と呼んでいる。このようにラットも、逆転学習の堅実なスキルを示し、二つのオプションのどちらか一方を選択する前に動作をいったん中止して、両方のオプションを見ることがよくある。レディッシュはそのデータを概観して、「ラットはこの行動によって、実のところ心的に表象された複数の行動オプションから選択を行なっているのだ」と論じ、それを裏づけるために神経生理学的な証拠を提示している。[17] またここで、ラットも逆転学習の実験で、セットシフティングと次元外シフティングを行なう堅実なスキルを示す

（トカゲは示さない）という点に言及する価値はあるだろう。[18] それらのスキルは、より複雑な行動計画に用いられていると思しき認知セットが形成されていることを示唆する。

第二の実験系統は次のようなものだ。チョウらは、五つのレバーのうちのどれか一つを押すことによって、もしくは五つのレバーのうちの別のレバーを引くことによって木の実を取り出せる装置をハイイロリスに操作させた。[19] するとハイイロリスは、自然な傾向として前者のレバーを押すことで木の実を取り出すことを好んだ。それから数か月後、実験者たちはハイイロリスが好む、レバーを押すという戦略が物理的に阻止されるよう装置に細工を施した。すると五匹すべてのハイイロリスが、手を加えられた課題に——最初のトライアルで——柔軟に適応し、もう一方のレバーを引くことでその問題を解決したのだ。どうやらハイイロリスは、従来の行動が失敗するところを想像し（エラーの予見）、それ以外のどの行動が成功するかを知覚したらしい。この実験は実質的に、戦略の変更を要する迂回課題と見なせるが、リスのげっ歯類の近縁種であるラットやマウスも、迂回課題に非常に長けている。[20] また、ラットやマウスは迂回課題で、実際に行動を起こす前に動作をいったん中止して複数の選択対象を交互に見るという、評価と選択から成る認知プロセスの存在を示唆する特異な行動パターンを示す。[21] さらに言えば、ブレイザーとギンチャンスキーの実験報告によると、ラットはそれぞれ価値の異なるエサの褒美が置かれた複数の場所に、あたかも何らかの計画に従っているかのようにかなり効率的に移動していく。[22] これは、ラットが決定を下すたびに、価値の異なるエサの褒美が置かれた複数の場所のあいだで、あれかこれかの選択をしていることを示唆する。クリスタルはそれらの実験を概観するなかで、ラットが、起こりそうなできごとを認知的に表象し、それらの表象を計画された行動へと統合していることを示すいくつかの証拠をあげている[23]。

第三の実験系統は、遠方の枝に飛び移るか、それともいったん幹に下りて移るかという決定を迫られた、くだんの思考実験に登場したリスの行動に非常によく似た行動に関するものである。なおこれらの実験は、リスではなくラットを対象に行なわれている。フットとクリスタル[24]、ならびにテンプラーら[25]は、課題を解いて大きな褒美を得るか、それとも失敗が予想されるなら課題の遂行を放棄して努力せずに小さな褒美を得るかのいずれかを各トライアルで選べる弁別課題をラットに課している。弁別が簡単であれば、ラットはほぼつねに課題を解くことを選び、より大きな褒美を手にした。しかし弁別がむずかしいと、ラットは課題の遂行を放棄して、努力せずにより小さな褒美で満足した（そのようなオプションが与えられていない類似のトライアルでは、ラットは頻繁にエラーを犯したことを考えれば、それは妥当な決定だったと言える）。この実験では、ラットは（チョウらの研究[26]で、レバーを押したり引いたりするリスのように）代替案を見越すことによってではなく、自己の行動決定能力に対する疑念に基づいて失敗を予測（エラーを予見）したのである（スミスらはバンドウイルカを用いた類似の研究で、同様な結果を得ている[27]）。それらの研究結果の解釈については論議があるものの——被験個体は自身が知らないということを知っているのか、それとも単に不確実な感じを知覚しているだけなのか——、いずれにせよラットは、実行層による複数の行動オプションの評価に基づいてエラーを予期し、行動を選択している。つまりラットは、ある行動を選択した場合に起こりうる失敗を認知的にシミュレートすることで、選択が可能なそれ以外の行動を選んだのである[28]。

行動評価の際に参照される二つのパラメーター——結果の価値とそれが生じる可能性——の重みづけは生物種ごとに異なり、その生物種のリスク特性《プロファイル》を特徴づける。かくして成功の可能性を問わず、つねに価値の高い資源を得ようとする生物種はリスク受容型と呼ばれ、それに対して（特定の限界値以上なら）価値の高低に関係なく得られる可能性がきわめて高い資源のみを得ようとする生物種はリスク回避型と呼ばれる。一例をあげよう。実験では、チンパンジーは可能性がいかに低くても、バナナの束が得られる機会にとにかく飛びつこうとするのに対し、ボノボはたいてい、価値は小さいながら報酬が得られる可能性の高いオプションを選ぼうとする[29]。また哺乳類は種によって、おそらくはリスク許容度の違いに基づいて、遅延報酬の価値をさまざまな程度で割り引く[30]。

生物種レベルでのリスク特性は、ある程度は生得的に設定されているが、哺乳類のリスク負担には個体レベルでの行為主体性もかなりの程度関与している。かくして多くの生物種の個体は、捕食に関して、自己の状態と当面の状況に即した個体レベルでの決定を下す。たとえば多くの生物種の個体は、資源が枯渇した状態に置かれている場合のほうがリスクを受け入れやすい。その理由はおそらく、安全なオプションではそのような状態を克服するには十分でないと判断されるからであろう。[31] また多くの生物種の個体は、学習に基づいて当面の状況におけるリスクの兆候を検知する。一例をあげよう。ある実験で、安全ながら小さな褒美しか得られないレバーを押すか、それとも大きな褒美が得られる可能性があるものの、同時に大きな懲罰を受ける可能性（その可能性はトライアルごとに高まっていった）もあるレバーを引くかのオプションをラットに与えた。するとラットは、懲罰を受けるリスクが低いときには大きな褒美を選んだが、そのリスクが高まるにしたがって、次第に安全なオプションを選好するようになっていった。[32] 要するに、自己の状態や当面の状況に即した意思決定は、個体自身が複数のオプションのなかから価値に基づいて、あれかこれかの決定を下していることを示す、さらなる証拠になるということだ。

　もちろん生物個体は、結果の価値やそれが生じる可能性を数学的に計算し、それら二つを組み合わせているのではなく、生態的合理性と呼ばれる能力を用いている可能性が高い。[33] ちなみに生態的合理性を備えた生物個体は、自然によってその生物種に与えられた、もしくはその個体が独自に学習することで得た、単純な発見的方法《ヒューリスティクス》を用いて活動する。何らかの包括的な生態的原理が存在し、（社会的競争の代理として）集団の大きさなどの条件に基づいて、生物種の境界を超えて似たようなヒューリスティクスが生じるのかもしれない。[34] また、捕食環境の特殊性に基づいて獲得された、生物種固有のヒューリスティクスが存在する可能性も考えられる。たとえば、すでにあげたチンパンジーとボノボのリスク特性の差異は、チンパンジーの捕食環境のほうが、はるかに不確実性が高いために生じたとする仮説を提起する研究者もいる。さらに言えば個体は、遺伝的な手段で前もって対策を講じておくことができない、個別の状況のもとで生じるリスクに対するヒューリスティクスを学習することができる。たとえばオナガザルの多くの個体は、カウベルの音を聞くことで、家畜の世話をしている人間によって引き起こされるリスクを予測し、摂食を中止して逃げるよう学習している（カウベルがオナガザルの生息地に出現するようになってから数十年しか経っていない[35]）。

この仮説を反証しうる証拠の一つとして、大型類人猿（ならびにおそらくはその他の哺乳類）には、互いに矛盾する複数の結果の可能性を同時に表象する能力がないことがあげられる。たとえば大型類人猿は、上下逆さになったY状の管に落とされたエサが、両端のいずれからも出て来る可能性があることを理解していない[36]。しかし、これは外界の作用に関する理解の問題であり、ここでの主張とは異なる。私の主張は、哺乳類は外界を十分に理解すれば、自己の二つの行動のうちのどちらが望ましい結果を生む可能性が高いかを同時に考慮することができるという点である。だからラットは途中で放棄することができる課題で、リスクのあるオプションと安全なオプションの二つが提示されていることをわかったうえで、どちらのオプションを選択すればエサにありつける可能性が高いかを見積もろうとするのだ。またリスは逆転学習の実験で、いずれかのオプションが正しいはずであることを知っていて、最善のオプションを見極めようとする。それらの行動には、環境内の二つの対立する可能性の概念化は関与していない。そこに関与しているのは、理解しやすい環境条件のもとで、過去に成功した二つの行動のうち、今回も成功する可能性が高いほうを選択することである。

私の考えでは、概して言えばリスやラットを用いた実験は、「それらの動物や、おそらくは他の哺乳類は、あれかこれかの意思決定の対象になる二つの行動オプションを同時に認知的にシミュレートして評価することが多い」という仮説を裏づける。そのような実行層による意思決定は、行動する意図を生む。行動する意図は目標以上のものであり、目標達成のための計画でもある(37)。目標はその生物の行動計画と評価に指針を与えるが、直接的に行動に転換されるわけではない。私は、億万長者になるという目標を持てるが、今のところその目標に向けて何かしているわけではない。だが億万長者になるという意図を持っていれば、「その目標を達成するためにあなたはいかなる計画を立て、今何をしているのですか？」という問いが妥当なものになろう。意図とは、すでに選択され決定された、特定の目標の達成を目指す計画であり、いわば行動実行が脇にそれないよう監督する。このように意図は行動計画ではあるが、知覚を介して得た、行動の結果からのフィードバック情報によって変わることがあるので、その意味では不変ではない。個体はそのようなフィードバック情報に基づいて、計画の実行ではなく計画そのものに問題があったのか、それとも計画は妥当でもその実行に問題があったのかを決定することができる。この行動実行の第二ステップは、実行制御、あるいは認知制御と呼ばれることが多い。

実行（認知）制御

意思決定が下され、行動する意図が形作られたあと、実行層は行動実行を監督する。具体的に言えば、実行層は実際の行動実行が意図した行動からなるべく逸脱しないよう認知的に監視してコントロールし、態勢を立て直す必要が生じた場合に備える。不測の事態に陥ったときには、実行層は意思決定の段階へと戻り、いくつかのオプションを再評価したうえで再度意思決定を下す。また意図した行動が効率的に実行されていない場合には、もっと効率的になるよう再度の実行を試みる。計画になかった行動が割り込んできそうになったときには、それを抑制することができる。計画にない行動には、ある程度生得的に得られた（刺激に駆り立てられた）本能的な反応と、以前に経験した類似の状況で効果のあった、学習された習慣的な行動がある。したがってリスや他の意図的行為主体は、行動実行に関する意思決定においては、障害やエラーの発生を予期し、それに対する計画を立てようと試みる一方、認知的な自己監視や自己制御においては、一種の事後的なフェイルセーフメカニズムを用いて、行動を実行している最中に潜在的な障害や干渉を検知する。

リスやラットは――実験において、ときに最初のトライアルで――成功した実績のあるオプションとは異なるオプションを選択することがままあるという事実は、それらの動物が何らかのあり方で、成功実績のある行動であっても今回は失敗するだろうと予測（エラーを予見）し、意思決定プロセスにおいてその行動を抑制、あるいは少なくとも他のオプションより価値が低いものとして評価していることを示唆する。バークマンら[38]の主張では、人間を対象にした場合にはしばしば自制と呼ばれている作用は、避けるべきオプションの価値が低く評価され、好ましいオプションが他のオプションより高く評価される、「価値に基づく選択」という正常なプロセスの特殊な適用と見なすことができる。その点に鑑みると、哺乳類はトカゲとは異なり、実行か中止かを決定する状況のもとでグローバル抑制を実行しているのではなく、さまざまな認知プロセスを用いて、成功実績がある行動であってもその価値を他の行動に比べて低く評価するという、「価値に基づく選択」を行なっている可能性が非常に高い。

E・マクリーンらは非常に大規模な研究で、イヌやリスやゾウからさまざまな霊長類に至るおよそ三〇種の哺乳類に、抑制が求められる二つの課題を与えている[39]。「A not B」課題では、被験個体は、まず場所Aで三度にわたりエサを見つけ、しかるのちにエサが場所Bに移されているのを見せられる。被験個体が効率的に場所Bでエサを探すためには、成功実績のある場所Aでエサを探そうとする傾向を抑制しなければならない。トライアルは一度だけなので、正しく行動したと見なされるためには、（場所Aを無視して）まっすぐ場所Bに向かう必要があった。またシリンダー（迂回）課題では、被験個体は、まず不透明なシリンダーの先端の開口部からエサを引き出すよう学習したあとで、透明なシリンダーに入れられたエサを見せられる。エサを効率的に回収するためには、（透明なプラスチック越しに見えている）エサにまっすぐに向かおうとする自然な傾向を抑制し、シリンダーの先端の開口部から引き出す必要があった。実験の結果、すべての哺乳類が二つの課題のうちの一方、もしくは両方に成功し、二つの課題の成績には強い相関が見られた。この結果は、哺乳類が抑制制御に関する目覚ましいスキルと、戦略「変更」の能力を行使していることを実証する（ブレイらの研究では、三〇頭の飼いイヌのうちの二四頭が、「A not B」課題に最初のトライアルで成功している）[40]。それに関連して言うと、チョウらの研究でも、リスは装置を変えられたとき、自己の行動を調節するために戦略を切り替えている[41]。

前章で取り上げた、トカゲや他の爬虫類の抑制スキルに関する私の評価では、それらの生物が、（迂回課題における）本能的な行動と、（逆転学習課題における）成功体験として学習した行動の両方をリアクティブに抑制する能力を備えていると論じた。しかし本章で取り上げた、リスや他の哺乳類を用いた実験では、哺乳類の個体は、（トカゲのように）ただ単にある一つの行動をリアクティブに抑制（凍結）し、他にできることを探してあたりを見回しているのではなく、先を見越して二つの行動オプションを同時に考慮し、あれかこれかの意思決定に基づいてどちらか一方の行動を抑制している。とりわけそのことは、動作をいったん中止して、行動を起こす前に二つのオプションを交互に見やることから、また課題の遂行を回避できる実験では、行動する前に複数の可能なオプションを能動的に評価することからわかる。したがっておそらく、私たちが哺乳類を対象に抑制と呼んでいる作用は、複数の候補から価値に基づいて行動を選択するというプロセスの不可欠の一部であり、失敗が予見される行動を他の行動より低く評価するのだろう。これは単純な抑制、つまりグローバル抑制などではなく、抑制制御とも呼べる、よりプロアクティブなプロセスなのである。

哺乳類における抑制や他の形態の認知制御の進化を促した生態的条件は、もちろん過去のものであり、今から確認することはできない。しかしE・マクリーンらの研究[42]による、他の二つの発見は示唆的だ。一つは、抑制課題における各生物種の成績が脳の大きさに相関するという発見である。脳の大きさの変化にはいくつかの要因があるが、もっとも重要な要因の一つは、捕食などの活動で個体が遭遇する問題の複雑さだ。多くの哺乳類に観察されているように、今ここで少量の食物を求めようとする（欲求充足）傾向を遅延し、遠出して大量の食物を獲得しようとする個体にとって、抑制制御のスキルは有用なものになるだろう。二つ目の発見は、抑制課題における各生物種の成績が食性幅にも相関するというものである。食性幅は、捕食に関する意思決定の複雑さの度合いを左右する重要な要因になる。というのも、たとえばより豊かな食物源が見つかった場合、それまで満足を与えてくれていた食物源を求めようとする捕食行動を抑制する必要が生じるからだ。

とはいえ、困難な捕食の問題を効率的に解決することは、トカゲを含めたいかなる生物種にとっても有益であろう。ならば、哺乳類のような特定の生物種だけが、行動実行時の意思決定や抑制制御という高度なスキルを発達させたのはなぜか？　私の考えでは、その答えは新たな形態の社会が持つ複雑性に求められる。爬虫類は、おもに捕食者と餌食として他の生物と相互作用し、そこで生じる不確実なできごとに対しては、目標指向的行為主体が持つ柔軟なスキルでも十分に対処できるように思われる。それに対して哺乳類は、社会集団を形成して仲間と暮らす。この事実は次の二つのことを意味する。第一に、各個体は普段の捕食活動を特に効率的に行なわねばならない。さもなければ、仲間が先を越してすべての資源をせしめてしまうからだ（スクランブル型競合）。それには、すぐ近くに食物源があっても、競争者のほうが近くにいる場合、そこに向かわないよう抑制することが含まれる。第二に、各個体は、食物源を求めて他個体とときに直接的に競争する必要が生じ（コンテスト型競合）、その場合には優位性を示す兆候を手がかりに、闘うべきか否か、闘うならいかに闘うかを決定しなければならない。食物源を求めてより強い個体と対峙している場合には、その場所にまっすぐに向かおうとする欲求を抑制する必要がある。それによって、鳥類と昆虫のなかでも、もっとも社会的な生物種が、おそらくは抑制制御を含め非常に複雑な認知スキルを備えていると思しき理由を説明できるだろう（ただし、それに関して鳥類や昆虫を用いた研究はほとんどなされていない[43]）。

この特殊な社会的複雑性仮説は、二つの実証研究によって裏づけられている。一つはジョンソン＝ウルリッチとホールカンプの研究[44]で、この研究では、身体の大きさと、メンバー構成が異なるブチハイエナの五つのクランに、一種の迂回（シリンダー）課題が与えられている。実験の結果、より大きな集団をなすブチハイエナ――とりわけ幼獣の頃に、より大きな仲間集団のなかで育った個体――は、抑制制御のスキルを高度に発達させることがわかった。加えて、高位の個体の前では絶えず捕食行動と攻撃性の両方を抑制しなければならない低位の個体は、すべての個体のなかでもっとも強力な抑制スキルを発達させていた（キツネザルを対象に行なわれた、それと矛盾しうる結果が得られた研究としてE・マクリーンらの研究を参照されたい[45]。ただしすべてのキツネザルの種が比較的最近になって共通の祖先から分岐しているため、それらすべての種のあいだで近縁性が高い）。もう一つは、社会的複雑性のレベルが異なる、七つの霊長類の種を用いた、アミチらの研究である。なお社会的複雑性は、社会組織が離合集散する動態《ダイナミック》を反映する度合いを指標にして測定されている[46]（離合集散とは、一日のうちに、大きな集団がいくつかの小集団に分かれ、やがてそれらの小集団がいくつかの集団に再編成されることをいう）。アミチらの仮説によれば、この離合集散が成立するためには、捕食を始めとする活動において各個体が特に頻繁に抑制制御を行使する必要がある。この仮説の裏づけとして、アミチらは、（五つの抑制制御課題の結果をもとに）離合集散と抑制スキルの発達の関係が、正の相関を示すことを見出している。この相関は、系統発生上の関係や、捕食環境の複雑さと比べても、より強い。

　結論すると、爬虫類が実行か中止かの意思決定に基づいてなされるリアクティブな抑制という単純なスキルを備えているのに対し、哺乳類はあれかこれかの意思決定によるプロアクティブな抑制制御という、より高度なスキルを行使する。それに関するもっとも確からしい仮説は、哺乳類が、計画や意図の実行を順調に進めるための認知モニタリングや認知制御の道具として、それらのスキルを進化させたというものだ。そのようなスキルは、さまざまなタイプの社会的な競争を生む複雑な社会集団を形成するようになって、とりわけ重要度を増したのである。概して言えば、認知的により複雑かつコントロールされたこの行動様式を用いているがゆえに、ライオンやトラやクマの行動は、トカゲやカメやヘビの行動に比べて、生得的に固定化されている度合いがはるかに低く、柔軟にコントロールされているように見えるのだ。

道具的学習

生物が行動を通じて外界とやり取りする際に、学習が不可欠であると見なすなら、実行機能層の出現は、新たな形態の学習を生み出すはずであり、また実際に生んでいる。もっとも基本的な学習は古典的条件づけや弁別学習を含む信号学習で、それによって個体は、摂食などの行動をいつ実行すべきかを学ぶ。行動主義者の考えでは、信号学習によって、その動物が持つ既存の反応が新たな刺激のコントロール下に置かれる。ほぼすべての脊椎動物が、知覚行動（操作）層に依拠してこのタイプの学習を行なっている。しかし実行機能層——とそれが実行するプロアクティブな形態の認知シミュレーション、行動計画、認知制御——が追加されると、特定の行動をいつ実行すべきかのみならず、どのようなあり方で組織化されたいかなる行動が、どんな状況のもとでいかなる結果を生むのかも学習できるようになった。これは、その都度の状況のもとで何が機能し何が機能していないかを決定して、知覚によるフィードバックを介して行動中に計画を変更したり、遠い未来のために学習したりすることが可能になることを意味する。

要するに、実行層から自己の知覚や行動に関する機能に注意を向ける能力を獲得した生物は、自己の行動が環境内でいかなる結果をもたらすかを、未来のために役立てられるよう見通すことができるのである。それゆえディキンソンは、実験で用いられたラットが自己の行動を結果に結びつけるだけでなく、行動と結果のあいだの因果関係を理解すると主張したのだ。[47] ラットが何らかの行動を実行したあと数秒が経過してから褒美を与えると(因果的な効果が生じるには遅すぎる)、このラットは因果的な随伴性を知覚しない。[48] さらに言えば、ラットはある行動に対して褒美をもらったりもらわなかったりすると、その行動を学習しない。ランダムな褒美は行動と結果の因果的な随伴性を毀損するからだ。他の証拠にも照らして結論すると、ラットはある意味で、自己の行動がその結果として褒美を「引き起こす」ことを理解している。しかもこの理解は、(レバーを押せばエサが檻の中に落ちてくるなどといった) 行動と結果のあいだの結びつきが不透明な実験的状況のもとで生じているのだ。それに比べれば、たとえば物体を押せばその物体が動くこと、あるいは木の実を噛めば割れることのあいだの結びつきのほうがよほど自然である。したがって、哺乳類は自己の行動が何らかの結果を外界に引き起こす様子を知覚し、それらのあいだの結びつきを学習するべく進化したのだと言えよう。

行動とその結果の因果的分析に基づく、その種の道具的学習は、古典的条件づけや弁別学習とは対照的に実行機能層の働きを必要とする。具体的に言えば、道具的学習を遂行するためには、生物は認知モニタリングと認知制御から成る実行層から、意図した行動と意図した結果を参照しつつ、自己の行動とその結果を経験しなければならない。この要件は、生物が試行錯誤で行動する場合にも、自己の行動を先見的に管理するために行動計画とその予想される結果を認知的にシミュレートする場合にも当てはまる。どちらの場合でも、道具的学習を遂行するためには、生物は一つの観点を持ち、そこから外界における自己の行動の結果に（通常は視覚を介して）注意を向けるだけでなく、意図した行動や実際の行動に（自己受容感覚を介して）注意を向け、さらにはそれらを相互に関連づけたり目標に関連づけたりして、かくして得た関連づけを覚えておく必要がある。それは、意図した行動、実際の行動、そしてそれによって外界で生じた結果を、それらの関連づけを表象するためのフォーマットを用いて共通の作業空間に蓄える機能を持つ実行機能層があって初めて可能になる。具体的には、この機能は、意図した行動の実行に注意を向け、かくして得られた情報を、事態の進行状態に関する知識の貯蔵庫へとフィードバックする認知モニタリングプロセスによって実行される。

哺乳類の学習において実行機能層が果たしている役割を示唆する別の現象として、好奇心と探索があげられる。私の知る限り、それらに関して生物種をまたがる系統的なデータは存在しないが、非公式の観察が示唆するところでは、哺乳類は、遊びを含め、問題解決という文脈を逸脱するものごとにもとりわけ強い好奇心を示す。リスがあとで食べるために木の実を蓄えておくように、哺乳類は、のちに問題解決に用いるために情報を蓄えておくのかもしれない。その種の好奇心について考える一つの方法は、好奇心を持つ生物が、学習が有用であるということを学習したと見なすことである。そのようなメタ学習には、自分自身が新たなものごとを学習する様子を観察し、それによって生じた結果に照らして当該のプロセスを評価する実行機能層が必要とされる。もっと単純な言い方ができるのかもしれないが、それに関する妥当な説明は、「その能力を持つ生物は学習のプロセスそれ自体を学習しているのであって、それはおそらく、あらゆる種類の入力情報をたった一つの作業空間と表象フォーマットを用いて把握する実行層の働きからのみ生じうる」というものになる。

学習は「生得的な」、つまり固定配線された行動とは対立するとされることが多いが、事実を言えば、学習それ自体が、さまざまな特徴とともに進化を遂げうる生物学的適応なのである。ボイドとリチャーソンの証拠に基づく主張によれば、適応戦略としての学習は急激に変化する環境に直面した生物種に(あるいは種内の特定の文脈のもとで)生じる。そのような環境のもとでは、生得的な能力に依存する生物種は一貫して効率的な行動を取ることができないからだ。[49] 二人のこの説明は、行為主体一般、より具体的には実行機能が進化するのに必要な生態的条件に関する最新の知見とも合致する。ある仮説によれば、高度に柔軟なタイプの学習——たとえば行動がいかに結果を引き起こすかに関する道具的学習——は、哺乳類における行動に関する意思決定や、認知制御一般のスキルの核心的な構成要素として進化したのである。

自己の目標指向的な行動や注意の経験

およそ二億年前に哺乳類が出現すると、新たな実行機能層によって強化された意図的行為主体という、新たな形態の心理組織が生じた。意図的行為主体は行動を起こす前に考え計画する能力を持つ。つまり多くの状況のもとで、実行が可能なもろもろの行動を認知的にシミュレートし、それらの実行計画のうちどれを選び、いかにして実行すべきか、たとえばどんな順番で実行すべきか、あるいは目標を入れ子にすべきかなどといったことを決定することができる。そして選択された計画を実行に移すと、実行プロセスを認知的に監視し、実行中に想定外のできごとが起こっても、たとえば決定に内在する不確定要素を監視して調節したり、行動実行を阻害しかねない計画外の〔本能的な〕行動を抑制したりすることで、計画の順調な遂行を維持する。この認知モニタリングの能力は、自己の行動が外的な状況にいかなる影響を及ぼすかを学習することをも可能にする。それは当面の状況に順応するにあたっても、学習した知識を将来のために覚えておくにあたっても有用になる。このような柔軟性と学習は、社会的競争に起因する不測の事態を含め、偶発的なできごとが起こった際に、個体レベルでそれに効率的に反応できるよう進化したのである。

動物の認知の研究者たちは、プラニング、意思決定、抑制、ワーキングメモリーなどといった現象やメカニズムをさまざまな方法で調査している。私の提案の斬新さは、新たに統合化された機能層のさまざまなコンポーネントとしてそれらの現象を概念化している点にある。すなわち実行層は自己のフィードバック制御システムとして作動し、（たとえば社会的競争に直面したときには）円滑な意思決定の促進を目標に据え、知覚や行動から成る操作層を監督すると考える。この実行層によって、生物個体は新たな方法で（つまり、認知的なシミュレーションによって策定された計画に基づいて）自己の行動を管理し、同様に新たな方法で（つまり、比較によって複数の可能な行動の価値を評価する、あれかこれかの意思決定と能動的な抑制制御を用いて）自己の行動をコントロールすることができる。実行層はそれらすべての新たな認知的活動のために、共通の作業空間と表象フォーマット（ワーキングメモリーとも呼ばれる）を提供する。それらによって、シミュレートされたさまざまな行動と、各知覚モードを介して得られたその結果の比較評価が可能になり、的確な意思決定が促されるのである。

この新たに形成された心理組織は、個々の新たな経験のみならず、新たなタイプの経験を生み出す。爬虫類は、単純な目標指向的行為主体として活動し始めたがゆえに、単発的な刺激だけでなく、好機や障害から成る状況という観点から世界を経験するようになった。しかしその次元を超え、心理的な実行層の働きに依拠して活動し始めた哺乳類には、自己の知覚機能や実行機能を経験する可能性が生じた。また爬虫類を始めとする目標指向的行為主体が、実行層の働きに基づいて自己の知覚や行動を経験することはないのに対し、哺乳類は実行層の働きによって自己の知覚や行動を経験するばかりでなく、まさにその実行層から知覚や行動に働きかけるのである。要するに、爬虫類を始めとする目標指向的行為主体が外界を感知する生物であるのに対し、哺乳類を代表とする意図的行為主体は自己の行動や知覚を意識しているということだ。

したがって私の考えでは、意識的経験は、哺乳類のほとんど、ならびに以上のようなあり方で活動する非哺乳類を含む、実行機能層の働きをもとに活動する生物のみに生じる。この提案は、グラツィアーノの提唱する理論[50]など、神経科学に依拠する意識の二階層理論ともおおよそ合致する。ちなみにグラツィアーノは、意識的経験を「生物の外界に対する注意に関する認知モデル」として概念化し、それを「注意スキーマ」と呼んでいる（したがって、それは最低でも、意識的経験に関する「高次の」理論である）[51]。しかし私はグラツィアーノの認知モデルを、知覚行動（操作）層における、行動に関する円滑な意思決定の促進を目標とし、フィードバック制御システムとして機能する実行機能層で置き換えたい。それらすべてが実行層のフィードバック制御システムに端を発すると考えれば、フィードバック制御システムが、おもにワーキングメモリーに依拠しているせいで能力が限られる単純な活動を凌駕していることが明らかになる。いずれにせよ肝心なのは、実行層を備えた個体が、操作層で生じている、最善の決定を下すという実行的な目標に関わる事象のすべてに対して、すなわち自己の目標指向的な行動、目標に関連する経験、自己の行動が外界に及ぼす影響に対して、実行層から注意を向けているということである。

それに関連して言えば、ピアジェは目標指向的な行動や経験一般をめぐって、意識に関するいくつかの興味深い観察結果や考察を提示している[52]。ピアジェは幼い子どもを対象にした実証研究に基づいて、発達過程で最初に生じるもっとも基本的な意識的経験の対象（これはそれらの対象について語る子どもの能力によって示されている）が、目標指向的行動のプロセスの、彼の言葉を借りると「周辺」に存在すると結論づけている。「周辺」に存在する対象とは、一方では行動の発端をなす目標（何をしようとしているのか）であり、他方では行動と、それによって外界に引き起こされた結果（何をし、その結果何が起こったか）である。進化の観点から眺めると、これは、哺乳類や他の意図的行為主体が、もっとも単純な意識的な存在として、実行層から（1）自己の目標、（2）自己の行動とその結果を経験していることを示唆する。そしてその経験を通じて、それらの目標指向的行動の周辺的なコンポーネントを、実行層が持つただ一つの作業空間と表象フォーマットによって概念的に把握することができるのだ。目標と行動、ならびに行動の因果的な結果のあいだの関係を道具的に学習することを可能にしているのは、まさにこの概念的な把握なのである。しかしこのピアジェの見方に従えば、哺乳類や他の意図的行為主体は、行動実行に関する意思決定や認知制御という、より中心的な心理プロセスを（決定について考慮する際に全体的に不確かさを感じる以上には）意識していないことになる。つまりそれらのことを行なってはいても、自分がそうしていることを意識してはいないのだ。この可能性は興味深い。というのも、次章で詳細に検討するように、自己の行動実行に関する意思決定や認知制御を二次的な実行（反省）層から意識することこそ、大型類人猿が合理的行為主体として行ない始めたことだからだ。

意識は謎に満ちており、それについて現在知られていることは限られている。しかし本質的には、そもそも意識的経験は、外界に向けられた注意以上に謎に満ちているわけでもないし、それ以下でもない。注意がいかに――ある事象を選択的に知覚し、別の事象を無視する手段として――実際に作用しているのかをほんとうに理解している人がいるのだろうか？「意識の性質」は実のところ、本質的には心理的機能における知覚行動層に向けられた実行層の注意に関するものなのであり、よって注意を理解することは、意識的経験を生むもっとも基本的なメカニズムを理解することに等しい。人間の意識的経験には、視点、他者の評価、言語、文化社会的規範の導入など、いくつかの特殊な性質がともなっていると見られ、だから私たちは、人間の意識的経験を自己意識のように何か特異なものと見なしたがるのだ。しかし、さしあたって重要な点を二つ指摘しておきたい。（1）外界に対する注意やその経験という意味での基本的な感覚力は、行為主体の心理基盤である。（2）基本的な意識には、その生物が自己の目標、行動、経験に対して実行機能層から注意を向けることが関与する。哺乳類や他の意図的行為主体は、この基本的な意味で意識的と見なせるというのが私の仮説である。

第5章　合理的行為主体——太古の類人猿

自然の事象に適用される強制の概念は、私たちが［他の事物を］強いる際の経験に由来する。（……）因果的な命題は、（……）自然界の複数のできごとのあいだの関係を擬人的な用語で記述したものである。

——R・G・コリングウッド『形而上学に関するエッセイ』

大型類人猿は哺乳類に属するが、私たちはいつの時代にも、他の哺乳類よりはるかに人間に似た動物として類人猿を見てきた。たとえばヴィクトリア女王は、ロンドン動物園に初めて連れて来られた類人猿（オランウータンのジェニー）を見て、「不快なほど人間」のようだと言った。森の中でオランウータンを初めて観察したインドネシア人は、その動物に「森の人」を意味するオランウータンという名称を与えた。今日多くの国の科学者たちは、あらゆる種類の哺乳類や、人間以外の霊長類を用いて侵襲的な研究を行なっているが、大型類人猿はその種の研究に用いられていない。大型類人猿プロジェクトという団体に至っては、大型類人猿の法的権利（やときに人権）を主張さえしている。そのような大型類人猿だけを特別視する態度は、他の哺乳類と比べて、類人猿が人間によく似ているように見えるからだろう。

私は、大型類人猿における人間との心理的な近さを、合理的行為主体という言葉を用いてとらえたい。私はただ単に「目標を知的に追求する」という意味で類人猿を「合理的」と呼ぶのではない。あらゆる哺乳類がそうしているのだから。類人猿は論理的かつ反省的に活動するがゆえにそう呼ぶのである。論理に関して言えば、大型類人猿は空間内における物体の動きや仲間の行動を経験するばかりでなく、物体が動き、仲間が行動する理由をある意味で理解している。つまり、物理的な世界で生じる事象の基盤をなす因果的構造や、社会的な世界で生じる行動の基盤をなす意図的構造に関して何らかのことを理解しているのである。さらに言えば、それらの因果や意図の理解は、論理的な枠組みへと組織化された推論によって構造化されている。一例をあげよう。重い物体を落とせばシロアリ塚がつぶれるという、因果関係に関する知識があれば、石を落として、シロアリ塚をつぶすことができるだろう。あるいは、個体は自分の知る場所で望みのエサを探索するという、意図に関する知識を持っていれば、競争相手がたった今あのバナナを取ろうとしていないのは、競争相手にはバナナが見えていないからか、バナナが欲しくないからかのいずれかであることがわかる。個体は、ひとたび原因と結果を論理的に結びつけるようになると、特定の原因を作り出すことでそれに対応する結果を自在に生み出すことが——あるいは想像することが——可能になり、それによって合理的な思考や主体的な行動というまったく新たな次元が開けてくる。

反省に関して言えば、大型類人猿は知覚や行動を認知的に監視しコントロールするだけではない。それだけならあらゆる哺乳類が行なっている。大型類人猿はそれに加え、私が反省層と呼ぶ二次的な実行機能層（実行層）を用いて、行動実行に関する一次的な意思決定や認知制御それ自体を認知的に監視し評価する。かくしてこの新たな実行層は、一次的な実行機能層で生じた問題を特定するだけでなく、介入して矯正する能力を大型類人猿に与えているのだ。また反省層は、自己の心的状態へのアクセス（メタ認知）、ならびに関連する比較を実行するための二次的な作業空間と表象フォーマットを提供する。大型類人猿は、この反省層の働きのおかげで、他の個体に心的状態を投影（「attribute」の訳。心理学では「帰属」とされることが多い）することができる。因果関係や意図に関する論理的に構造化された推論を行なう能力と、二次的な実行（反省）制御のメカニズムを与えられた大型類人猿は、（人間のように規範的合理性を備えているわけではないとしても）合理的な思考や意思決定と正当に呼ぶことのできる能力を備えているのである。

以上のような特殊な認知スキルを支えるために、大型類人猿は（いかなる尺度によっても）極度に大きな脳を進化させた。霊長類の脳は一般に、哺乳類のなかでも比較的大きく、機能ごとに、より特化したさまざまな領域に分かれている。またニューロンは、他の哺乳類より大きくかつ密集している。とりわけ大型類人猿の脳は、他の霊長類と比べてさえ大きく、（大脳両半球を結ぶ）脳梁はより高速な伝送を可能にする厚い軸索を備えている。[1] また他の哺乳類や霊長類に比べて拡大した前頭前皮質を備えている。[2] なお前頭前皮質は、あらゆる種類の実行機能が宿る場所として

図5.1　2000万年前に出現した初期の大型類人猿の想像図。

よく知られている。

ここで私は、哺乳類から類人猿へと極端な飛躍をしているわけだが、事実、大型類人猿は、その祖先である霊長類のさまざまな種を経由した、長い進化のプロセスの終着点をなしているとほぼ確実に言えよう。しかし、ここで着目する合理的なプロセスを参照しようとしても、サル〔尻尾のあるサルを意味し、チンパンジーのような尻尾のない類人猿を含まない〕と類人猿の類似点や相違点を厳密に特定するための十分な実験データが揃っていない。したがって、大型類人猿へ飛躍するまでの進化の途上には、より小さな飛躍を示すいくつかの中間段階（それぞれ現存するサルの種に代表されるものと考えられる）があることがほぼ確実であったとしても、ここでは人間にもっとも近い大型類人猿に焦点を絞る。大型類人猿としてもっともよく知られている種はチンパンジーであり、都合のよいことにチンパンジーは、ボノボとともに人間にもっとも近い現存する近縁種である。大型類人猿に属する動物種は互いに大きく異なる部分もあるが、行為主体的な行動組織は、種間でおおむね類似しているように思われる。よって本書では、チンパンジーを大型類人猿の代表と見なして話を進めていくことにする。

社会生態的な難題

大型類人猿が最初に登場したのは、今からおよそ二〇〇〇万年前のことである。それからすぐに、数十種の類人猿がアフリカ大陸やユーラシア大陸を歩き回るようになる。おおかたの推測では、現存する大型類人猿の最終共通祖先は、サルのような他の霊長類の種とはいくぶん異なる。

中新世初期の類人猿は、顎や歯の適応のおかげで多様な生態環境が利用できるようになり、アフリカ大陸をあとにすることができた。ユーラシア大陸の大型類人猿は、一連の骨格の適応によってさまざまな環境で暮らすことが可能になるとともに、大きな脳が進化したことで社会的、生態的な難題に対処できるようになった。これらの変化によって一部の大型類人猿は、中新世末期に生じた劇的な気候の変化のもとで生き残ることができたのである(3)。

大型類人猿のうち現存しているのは、オランウータン、ゴリラ、ボノボ、チンパンジー、ヒトの五種である（以下の記述において、「大型類人猿」もしくは「類人猿」とある箇所はヒトを除く）。現存する大型類人猿は、変化の激しい多様な捕食環境に対して祖先の動物がなし遂げた心理的な適応を維持している。しかし現存の種が分岐する以前のどこかの時点で、果実に対する類人猿の嗜好が高まったために、一連の社会生態的問題が新たに生じた（現存する大型類人猿はすべて、果実に対する強い嗜好を持つ）。果実のほとんどは、森林の中の広範に分散した小区画や茂みで育ち、よって入手経路《アクセス》が限られる。アクセスが限られる場所にかたまって存在する資源は、同時にそれを手に入れようとしているすべての個体のあいだでとりわけ激しい社会的競争を引き起こし、そのなかにはそれを独占しようとする個体もいるかもしれない。この新たに生じた社会生態的問題は、大型類人猿が形成する社会集団の構造に大きな変化をもたらした。類人猿は、もはや他のオナガザル科の霊長類のように大規模な集団を形成して捕食を行なうことがなくなり、小集団に分かれるようになったのだ。現代のチンパンジーやボノボは、睡眠や防御のために依然として大きめの社会集団を形成して暮らしているが、日々の捕食活動では小さな群れを形成し、しかも一日を通じ、さまざまな様態で分散と集合を繰り返している。私の見方では、そのような離合集散を繰り返す社会は、最初の大型類人猿が持っていた社会組織を反映している。現代のオランウータンやゴリラは「規則を証明する例外」である。というのも、それらの動物は部分的に孤立して、あるいは繁殖相手のいないオスの集団を構成して暮らしており（分裂は半永久的なものになる)、それにより捕食集団のサイズが小さくなり、よって社会的競争も縮減しているからだ。

新たなタイプの社会組織に加え、食物をめぐるとりわけ激しい競争は、大型類人猿に新たなタイプの心理組織をもたらした[4]。その一つとして、認知的なシミュレーションや思考が論理的に組織化された点があげられる。身体的な領域では、大型類人猿は霊長類や哺乳類のなかでも、因果関係の理解(自分とは無関係に生じる因果的な力に一般化されることさえある)という特殊な能力に基づく、道具の製作や使用に関する独自のスキルを持つことでよく知られている。また社会的な領域では、意図の理解(言い換えると「心を読むこと《マインドリーディング》」)という特殊な能力に基づく、社会的学習や意図的な身振り《ジェスチャー》によるコミュニケーションという独自のスキルを持つことでよく知られている。因果関係や意図の理解は、合理的行為主体にとってカギになる認知スキルである。というのも、外界の事象や行動のみならず、それら(ならびにそれら相互のあいだの論理的な関係)を引き起こした原因にまで行為主体的行動の範囲を拡大するからだ。そしてそれを、望みの結果を生み出すために操作することも可能になる。それらの新たな形態の論理的思考に加えて、食物をめぐるとりわけ激しい競争は、大型類人猿に反省的な形態の意思決定や認知制御の能力をもたらした。つまり、二次的な実行(反省)機能層を動員して、自己の行動を計画、選択、コントロールする新たな手段を生み出すことで、より効率的な決定を下すようになったのである。そのように論理的、反省的に活動することは、太古の大型類人猿が心理機能を司る新たな組織、すなわち合理的行為主体を進化させたことを意味する。

因果性の理解

食物をめぐるとりわけ激しい競争に大型類人猿が対処する一つの方法は、他個体が無視している養分を、道具を用いて抽出することである。道具の使用は、他の哺乳類や霊長類のあいだでまったく見られなかったわけではないが、大型類人猿はシロアリを釣る、木の実を割るなど、前例のない方法で道具を使用する。野生環境では、チンパンジーとオランウータンのみが捕食に道具を用いるが、適切な環境のもとでは、あらゆる大型類人猿が、実験で未知の道具の使い方を迅速かつ効率的に学習することを含め、さまざまな道具を非常に柔軟に用いることができる。

因果関係を理解する生物は、たった今何が起こっているかだけではなく、なぜ起こっているのかもある程度理解している。またそのため、そのような結果を生んでいる原因を操作する可能性が生まれる。かくして未知の問題に因果的に適合した道具を選択させる（短くて柔らかいものではなく長くて硬いものを選ぶなど）実験では、大型類人猿は関与している因果性を理解しているように思われる。というのも、それまで一度も見たことのない道具を与えられても、また新しい課題が見えないように設定されていても、正しい道具を選択するからである。そのためには、大型類人猿は問題の基盤をなす物理的な特性と、道具の物理的な性質のあいだにある（能力付与要因としての）因果関係を（想像上で）評価しなければならない[5]。このように大型類人猿は道具に関する因果性を理解しているため、きわめて柔軟にそれを使うことができるのだ。

それに加え大型類人猿は、新たな物理的問題に直面すると、因果的なプロセスをコントロールし、未知の状況のもとで機能する道具を新たに製作することができる。しかもその際、問題解決に必要な結果を先に想像し、そこからさかのぼって原因を生み出す。たとえば野生のチンパンジーは、シロアリの巣穴に差し込むことができるよう、葉が濃密に茂った枝から葉をはぎ取るという作業を日常的に行なっている。[6] 飼育されている大型類人猿のなかには、水を道具に変える個体もいる。たとえば細い管の底にピーナッツが落ちているのを見れば、類人猿は水のある場所に行って水を口に含み、戻って何度も管に吐き出すことで、手が届く開口部までピーナッツを浮かせて取り出す。[7] 大型類人猿の創造性を示す実例をもう一つあげると、オランウータンの母親は、成獣が手を差し込むには狭すぎる開口部まで幼獣を押し上げて、そのなかのエサを取り出させることがある（母親はそれをただちに取り上げる）。[8] その種の道具製作や実践を行なうにあたり、大型類人猿は関与する因果関係を理解し、それを用いて実際に行為主体的にそのプロセスに介入するのである。

しかし大型類人猿は、道具の製作や使用において、関与する因果関係を利用する——つまり能力付与要因として道具の特性を利用する——だけでなく、特定の状況のもとでは、自己の行動とは完全に独立して生じる因果的な力を理解することもできる。一例をあげよう。ある実験では、何本かの不透明なボトルのなかから、ジュースが入ったボトルを類人猿に特定させた（ボトルは一本しか選べなかった）。すると類人猿はボトルを一本ずつ取り上げて重さを測り、重いボトルを見つけ次第、そのボトルを選択するという戦略をすぐに見出した（それに対し、すべてのボトルの重さを等しくし、ジュースの入ったボトルを赤く塗った場合には、類人猿はトライアルを通じて赤い色をジュースに結びつけることに非常に難儀した）。したがって類人猿は、ボトルの余分な重さがジュースによって引き起こされていることをある意味で理解していたのだ。[9] チンパンジーは物体に働きかけることがまったくできない実験で、天秤の一端の傾きを見て、そちらに置かれた不透明なカップにバナナが入っていることを推測した（実験者がそちらの側を押して傾かせた場合にはそうは推測しなかった）。この結果は、重い物体が因果的な力を働かせて天秤を下げることをチンパンジーが理解していることを示す。[10]

繰り返すと、類人猿は完全に自分とは無関係な因果関係を評価する際、何が起こっているかのみならず、なぜ起こっているのかを理解している。それゆえ、因果関係の原因を操作して、特定の結果を生み出すことがある。ある実験では、チンパンジーは実験者が二つの状況のもとでボタンを押すところを見せられた。実験者が「因果ボタン」を押すとただちにジュースが出てくるところと（原因→結果）、ジュースが出てきたあとで「非因果ボタン」を押すところ（結果→原因）を見せられたのである。自分でジュースを出す機会が与えられたチンパンジーは、早くも最初のトライアルから「因果ボタン」を押した。[11] 同様にフェルターらは、ときどきエサが分配される装置に実験者がさまざまな物体を置くところを大型類人猿に見せた。[12] 実験者の行動には、因果的な効果があるものとないものがあった。自分で試してみる機会が与えられた大型類人猿は、観察知識をうまく利用してプロセスに介入し、うまくエサを手に入れたのである。最後に例外的な例をあげよう。類人猿は、原因を発見するべく操作への介入を試みることさえある。たとえば倒れたブロックを立てれば褒美がもらえる実験で、立たないブロックがあると（重心が偏ったブロックがあった）、類人猿のなかには、そのブロックを拾い上げて、あたかも問題の原因を見極めようとしているかのごとく下側を覗き込む個体がいた[13]。こうして大型類人猿は、ほとんどの哺乳類のように行動とその結果から学習するだけでなく、外的な物体同士の因果的、意図的な関係からも学習しているのである。このように大型類人猿においては、道具的学習は因果関係の学習を意味する。

大型類人猿による因果関係の理解は、論理的な枠組みに組織化された創造的な推論を生む。いくつか例をあげよう。道具選択の実験では、類人猿は「性質Aを持つ道具を使えば、Bが起こる」などといった因果関係を推論する。次に実際にその道具を使うことで、「（1）Aが使われれば、Bが起こる。（2）Aを使う。（3）ゆえにBが起こるはずだ」という三段論法を完結させる。また別の実験では、類人猿は単純な否定に基づく排除を用いることで、結果から原因へという後ろ向きの推論を遂行することができる。たとえばコールは、チンパンジーにエサをいったん見せたあと、二つのカップのどちらかに隠した[14]。次に、実験者はエサが入っていないほうのカップを揺すり、したがってチンパンジーは何の音も耳にしなかった。この場合エサが入っているカップを特定するためには、チンパンジーは因果関係を後ろ向きにたどってその原因を、つまり揺すられたほうのカップにはエサが入っていないということを推論しなければならない。この場合の推論の順序は、「(1) 揺すられたほうのカップは音を立てない。(2) そのカップのなかにエサが入っていたのなら音を立てるだろう。(3) ゆえにこのカップにはエサが入っていない（他方のカップに入っている）」というものになる。ホセ・バミューデスの分析によれば、[15] それらの推論や枠組みには、if-then条件と否定という、論理思考を構成する二つの重要な要素が関与している。ただしどちらも、「前段階的《プロト》な」形態でのみ生じる。if-then条件が前段階的であるのは、（形式的ではなく）因果的な関係のみに関与しているからであり、否定が前段階的であるのは、「存在―不在」「音がする―音がしない」などの相互排他的な対立項のみに関与しているからだ。それでもこの原‐論理は、因果的な力や相互排他的な状況を含むイメージスキーマ的な表象において実現することが可能である。

したがって大型類人猿は、他の哺乳類には無縁な方法で物理的世界の基盤をなす因果的構造を理解していると考えられる（他の哺乳類や霊長類は関連する実験すべての被験対象にはなってこなかったとはいえ、それらに属するいかなる動物も、野生環境では大型類人猿のように道具を製作して使用することがないという事実は、実際に大型類人猿が備えるその種の認知能力が特殊であることを示唆する）。そして大型類人猿は、それらの因果関係を論理的に相関するものとして――つまり物理的世界は合理的に理解することができると――見ており、その結果、原因を操作することで結果を生み出すことができるのである。

意図的な行動の理解

食物をめぐるとりわけ激しい競争に対処するために大型類人猿が用いることのできるもう一つの方法は、競争相手を出し抜くことだ。しかし相手も意図的行為主体として行動する。その行動は予測不可能で、他の個体の生存をおびやかすことが多い。したがってここでの問いは、「大型類人猿は、何が他個体の行動を〈引き起こしている〉のかを理解しているのか」、つまり「他の行為主体が、知覚に導かれて自己の目標に向けて行動するフィードバック制御システムとして活動していることを理解しているのか」というものになる。

数々の実験において、大型類人猿は状況に見合った他個体の目標や知覚を理解することによって、他個体の行動を予測している。目標に関して言えば、実験に用いられたチンパンジーは、特定の目標に向けて意図的になされた行動と偶然的な行動を確実に見分ける。たとえば、エサを持った実験者がチンパンジーのそばにすわっていながらそれを渡さないでいると、そのチンパンジーは、（たとえば試行錯誤を試みながら）エサを手渡す意図が実験者にありそうか否かを判断して行動を変える。[16] 知覚に関して言えば、チンパンジーの下位個体は、最上位個体とエサを求めて争うとき、競合する可能性のあるエサを最上位個体が見ているか否か（障害が巧妙に配置されているために最上位個体は見ていない可能性がある）を考慮に入れることができる。しかも下位個体は、最上位個体が直前に同じ場所でそのエサを見ていて、したがって（たった今は見ることができないとしても）その存在を知っている可能性を考慮することさえできる。[17] 一般にその種の実験では、類人猿は次の条件に合致した場合にのみ、競争者が特定の物体を取りに行くことを理解する。（1）競争者がその物体を望んでいるか、手に入れることを目標にしている（たとえば石の奪い合いをすることはない）。（2）競争者が特定の場所にその物体があることを知覚しているか、もしくは知っている。このように、大型類人猿は競争者が行為主体として──つまり目標と知覚に基づいて──どのように行動するかを理解しており、その理解を未知の状況に適用して競争者の行動を予測することができるのだ。

それに加え、少なくとも一部の大型類人猿は社会的学習において意図に関する理解を示す。類人猿の社会的学習は多くの場合、模倣学習であり、学習者は仲間が外界にもたらした結果に気づき、しかるのちに自力でその結果を再現する。若いチンパンジーは、数か月間訓練を受ければ、人間がしている未知の行動に自己の行動を合わせる、すなわち模倣することができる。[18] しかしカーペンターと私は、人間に育てられた三頭のチンパンジーが、結果と行動を再現するだけでなく、人間がたまたま行なったにすぎない行動より、人間が意図して行なった行動を選択的に再現することを見出した。[19] この三頭のチンパンジーは、人間が意図はしたものの、実際には実行し損なった行動もやってみせた。このように、三頭は自己の意図を他の行為主体の意図に沿わせたのである。さらに印象深いことに、バテルマンらは、人間に育てられたチンパンジーが、手が空いていないために仕方なく足で電気のスイッチを入れるなどの、人間が示した奇妙な行動を模倣しないことを発見した[20]。チンパンジーがその種の行動を模倣しなかったのは、人間が意思決定した際の状況がそのチンパンジーのものとは異なっていたからだ（チンパンジーはそのような制約を受けていなかった）。しかし人間が制約を受けずにそれと同じ奇妙な行動を取った場合には、チンパンジーは模倣した（この場合、人間もチンパンジーも同様に制約を受けていなかった）。このプロセスは「合理的模倣」と呼ばれている。なぜなら、社会的学習者は自己の意思決定プロセスと他の行為主体のそれを比べるからだ[21]。

類人猿は他個体の行動を予測したり、他個体の意図的な行動を学習したりするだけでなく、競争的な状況のもとに置かれているときには、他個体の知覚の対象を能動的に操作して、その個体の行動に影響を及ぼそうとすることもある。メリスらが行なったある実験では、チンパンジーは他個体と競合しているエサを、自分の接近が競争者には見えないような経路を通って取ろうとした[22]。この戦略は、チンパンジーが物理的原因を操作する方法と似ている。つまりチンパンジーは、何が結果を引き起こすかを理解しており——このケースでは、チンパンジーは競争者が自分の接近を見たら、エサを先に確保しようとすることを理解している——、競争者に見えるものを操作する（隠す）ことで、原因のコントロールを試みているのである。重要な点を指摘しておくと、メリスらの研究の別の実験では、類人猿は、自分が立てる音を競争者が聞くことのないよう、

（騒々しい音を立てる経路より）静寂を保てる経路を通って競合するエサに近づいている。この結果は、類人猿が他個体の知覚を操作するための柔軟かつ一般的なスキルを備えていることを示す。

同様に大型類人猿は、遊び、交尾、毛繕い、集団での移動などのあまり競争的ではない状況のもとでも、他の哺乳類には見られないあり方で伝達に関する身振りを意図的に学習して柔軟に活用し、他個体の目標や知覚を操作する。その一つの例は、若い個体が他個体と遊びをしたいときに見られる。遊びは、二頭がじゃれあうように相手を叩くことで始まる。そのやり取りを通じて、一方の個体が「腕を上げる」身振りを儀式化することがある。腕を上げて叩こうと脅すしぐさをするのだ。すると他方の個体は、これから遊びが始まることを理解する。その種のさまざまな身振りは、やはりその個体が因果的な結びつきをコントロールしていることを示唆するプロセスを通じて学習される。類人猿によるこの戦略は、道具を製作したり自分の位置を隠したりすることと同様に、次のような順序で結果から原因へと遡及することで形成される。「ボクは彼女と遊びたい（結果）」「ボクが腕を上げれば彼女はボクを見て、遊びたいと思うだろう（原因）」「だからボクはそうしよう」、という順序である。[23] またいくつかの実験で、身振りが機能するには受け手がそれを知覚しなければならないということを、類人猿が知っていることを示す結果が得られている。だから類人猿は、相手が見ているときにのみ、腕を上げるなどといった視覚に頼った身振りを示す（身体の接触に頼った身振りではそうではない[24]）。そして、自分とその行動に相手の注意を向けさせるためだけの、さまざまな「注意を喚起する身振り」を示す[25]。このように、類人猿は自己の行為主体的な行動、つまり道具としての身振りが、相手の目標や知覚に変化を引き起こすことで、いかに相手の心理に影響を及ぼせるかに関して、その主たる側面を理解しているのである[26]。

物理的・因果的な領域と同様、社会的・意図的な領域における類人猿の推論も論理的に構造化されている。前述の実験における、エサをめぐる競争について考えてみよう。そこでの競争者は、次の順序で次々と推論している。競争相手がエサをせしめるという目標を持ち、その在りかを見ている（よってどうやって取ればよいかを知っている）のなら、彼はそれを取りに行くだろう。しかし彼がそのような目標を持っていない、もしくはそれを達成するための手段を知覚していないのなら、彼はそれを取りに行かないだろう。また別の角度から次のように推論する。競争者が特定の行動を取っているのなら、彼はエサを手に入れるという目標を持ち、それを知覚しているはずだ。以上の推論も、人間が実践している三段論法に似た、一種の論理的に構造化された枠組みをなす。おそらくもっとも印象的な結果はバテルマンらの合理的模倣の研究[27]に見られ、この実験では、類人猿は原‐否定に基づく後ろ向きの排除の推論を行なっている。具体的に言えば、手の動きが制約されている実験者が足で装置を操作する様子を見た類人猿は、その行動から実験者がいかなる意思決定を下したのかを次のように後ろ向きに推論したのである。（1）彼は手を使っていない。（2）自由に行動を選択できたのなら、彼は手を使ったはずだ。（3）よって彼は、自由に行動を選択できないに違いない（だから私は彼が取った行動を無視する）。したがって物理的な領域における論理的に構造化された因果関係の推論と同様、他個体の意図や行動に関する、これらの論理的に構造化された推論は、人間の論理思考のもっとも基本的な二つの要素、すなわち条件（if-then）推論と（相互排他的な対立項に基づく）原－否定に依拠していると考えられる。

したがって大型類人猿は、他の哺乳類には見られないあり方で、社会的世界の基盤をなす意図の構造を理解していると思われる（この件に関しても、他の哺乳類や霊長類は以上の実験の対象にほとんどなってこなかったが、それらに属するいかなる動物種も、野生環境では大型類人猿のように意図的に社会的学習を行なったりコミュニケーションを図ったりしないという事実は、大型類人猿が備えるその種の認知能力が特殊であることを示唆する）。そして大型類人猿は、それらの意図的な関係を論理的な相関として――社会的世界は合理的に理解しうると――見ており、原因を操作することで結果を生み出すことができるのである。

合理的な意思決定と認知制御

このように世界に関する大型類人猿の理解は、物理的な領域においても社会的な領域においても論理的に構造化されている。大型類人猿の個体は、リスと同様、特定の行動を起こせば何が起こるかを想像できるばかりでなく、論理的な推論を実行し、外界で生じる諸事象が作用し合った場合に何が起こるか、あるいは作用し合わなかった場合に何が起こるかさえ予測する能力を備えている。このことは因果的な規則に従ってぶつかり合う物理的実体のみならず、事物や他の生物に意図的に働きかける行為主体にも適用される。それに加え、これから見るように、大型類人猿の意思決定や認知制御は、反省層を介して組織化されている。つまり大型類人猿は、世界の様態を理解することによってのみならず、自己の行動を反省的に計画、選択、コントロールすることで、食物をめぐるとりわけ激しい競争に対処するようになったのである。

他のあらゆる哺乳類と同様、大型類人猿は自己の行動を計画する。たとえば実験では、類人猿はラットと同じく、得られる褒美が異なる複数の場所のあいだを効率的に移動することができる。しかし類人猿は、そのような状況のもとに置かれると、さまざまな発見的方法《ヒューリスティクス》を用いて、必要とされるプラニングを最小限に抑えることができる。それを検証するためにフェルターとコールは、最初の行動を起こす前に一連の行動を想像上で計画しておかねばならないような、より複雑な課題を類人猿に与えた(28)。具体的に言えば、内部が数層の迷路のようになっている実験装置の箱があり、装置の上部にいくつかあいている穴の一つにボールを入れ、一連の経路を経て底まで落とすという課題だ。なお穴には、ボールが下に落ちる穴と行き止まりになる穴があった。したがって類人猿は、ボールを落とす穴を選択する前に、さまざまな経路の数層にわたる因果的な構造を想像上で追跡して、底までボールを落とせる経路を見極める必要があった。この課題を与えられた類人猿は、ボールが特定の経路に入ったり、特定の障害に出会ったりするとどうなるかに関して、論理的に構造化された因果的な推論に基づく合理的計画とも呼べる推論を行なった。しかも類人猿は、人間の五歳児と同程度の迅速さと正確さで、その種の合理的計画を想像できるよう学習したのである。

しかしこれは、目の前の目標を達成するための手段に関するプラニングである。それに対してマルケイヒーとコールは、現時点では適用できない未来の目標に向けて計画を立てる機会をボノボとオランウータンに与えるという、注目すべき実験を行なっている[29]。具体的に説明しよう。類人猿は一日に一度、部屋に設置された装置から褒美を一つ取り出すことができる道具（いくつかの選択肢があった）の使い方を学習した。次に部屋から外に出された。再び部屋に戻ったとき、装置には新しい褒美のエサが入っていたが、道具は取り除かれていた。すると類人猿は、適切な道具を選択し、のちに部屋に戻った際にも使えるよう、それを持って部屋から出るという方法を、数回のトライアルを経るうちに迅速に学習したのだ。つまり類人猿は、のちに道具が必要になることを予期してそれを持って部屋を出て、一四時間ほど持ったまま待機したあと部屋に戻り、再度エサを手に入れようとしたときにも、それをうまく使うことができたのである。未来における目標の達成を予期するためには、プラニングのプロセスにおいて目標とその役割に関する一種の反省的な理解が必要になる。このようにして、想像上の未来の目標のためにプラニングを行なうためには、行動実行に対する何らかの反省的な認知スキルが新たに必要になると考えられる。

行動計画の評価と選択に関して言えば、類人猿を用いて行なわれたほぼすべての研究が、リスク特性に着目している。リスク特性は、褒美が得られる可能性と比較して褒美の価値を評価するにあたっての、種ごとのあり方を特徴づける。(30) それに加え二つの近年の研究では、大型類人猿はより一般的なレベルで、リスクを孕む状況（正しい意思決定を下せる見込みがあるか否かを判断できる場合）と、不確実、あるいはあいまいな状況（そのような見込みを判断するのに必要な情報を持っていない場合）の相違を区別できることが示されている。(31) だが本書の文脈でもっとも重要なのは、動物種全体の傾向性ではなく個体の行為主体性である。要するに大型類人猿の個体は、外的な状況と自己の内面の状態の両方に即してその都度異なる意思決定を下すということだ。たとえばホーンらは、四種の大型類人猿のすべてが、一つの実験内でも、リスク状況に応じて意思決定を調節し、トライアルを繰り返すにつれ失敗するリスクが高まると、より安全なオプションを選択しがちになることを見出している。(32) 内面の状態に関して言えば、野生のチンパンジーはサル狩りというリスクの高い活動を、植物や果実が豊富に得られる時期に頻繁に行なう。おそらく、狩りが失敗した場合には植物や果実という別の食物源を十分に利用できるからであろう。(33) このように大型類人猿の個体は、外的な状況と内面の状態の両方に即して意思決定を下し、個体としての行為主体性を行使する。(34)

しかし哺乳類の意思決定と大型類人猿の意思決定の最大の相違は、おそらく個体が不確実性を監視しコントロールする方法にある。ここで、ラットの個体は成功すれば大きな褒美が得られるものの、手に入るかどうかが不確実なオプションを回避し、小さな褒美しか得られなくとも、確実に手にすることができる安全なオプションを選択することを思い出されたい。類人猿も同様に振る舞うが、それ以上のこともする。つまり実行層によって不確実性を監視するだけでなく、不確実性の原因を特定し可能ならばそれに対処することによって、意思決定プロセスそれ自体を反省的に監視しコントロールするのだ。類人猿は、メタ認知とも呼ばれる独自のスキルを備えており、それを用いてより効率的で、おそらくは合理的な意思決定を行なっているのである。

コールとカーペンターは、大型類人猿に適用するために、不確実性回避実験の改訂版を考案している[35]。もとの実験との違いは、次の点にある。大型類人猿の個体は、不確実性を感じて一つしかない別のオプションを選択するだけでは十分ではなく、不確実性を感じる理由を突き止め、それに対処しなければならなかった。実験は次のような手順で行なわれている。チンパンジーは、数本の管のうちの一本に実験者がエサを隠すところを見たり、見なかったりした。隠すところを見た場合には、チンパンジーはすぐに管を選んだ。しかし隠すところを見なかった場合には、どの管にエサが入っているかを見極めるために、わざわざ管を覗き込んでから選択した。つまりチンパンジーは、自分が何かを知らないことを、あるいは少なくとも不確かであることを知っていたのである。このケースでは、チンパンジーは問題を特定し、解決手段を考案するために意思決定プロセスそれ自体を反省している[36]。つまり、情報が不足していると判断し、それを緩和する方法を考案したのだ。この行動は些細なものではなく、ただ単にエサを取り出す前にまず覗き込んで探すことに慣れたために生じたのではない。というのも、オマキザルのような他の面では非常に賢い動物であっても、トライアルで実験者がエサを隠すところを見ていたとしても、エサを手に入れる前に必ず覗き込んで探そうとするからだ。この実験の改訂版でボーンらが見出したところによれば、[37] 類人猿は、あるタイプの道具が必要とされているのにその道具の在りかを知らないと、行動を起こす前にそれに関する情報を得ようとする。的確な意思決定を行なうために情報を得ようとすることは、大型類人猿が意思決定プロセスを反省的に監視しコントロールしていることのみならず、入手可能な情報に、それを集める努力に見合った価値があるか否かを判断しなければならないという意味では、一種の計算的合理性を動員していることをも意味する。

それとは別に、大型類人猿による認知的な自己モニタリングとコントロールが合理的なものであある点をさらに強く示唆する研究がある。オマダゲインらのこの研究では、類人猿はある状況のもとで場所Xに置かれた優良なエサを見つける機会をまず与えられた。[38] 類人猿は、その場所を見つけることでそこに優良なエサがあると認識していることを示した(だが、見つけたエサはもらえなかった)。次に、優良なエサは場所Yにありそうだとする、当初の認識を疑わせる情報が新たに与えられた。その時点において類人猿は、当初の認識を裏づける、もしくは反証するさらなる情報を探す(あるいは探さない)ことができた。すると多くの個体は、当初の認識と新たな情報の矛盾を解決するために、能動的に情報を探した。再び場所Xを見て最初の判断をチェックすることで最善の決定を下そうとしたのである。このようにこの実験では、類人猿は最初の決定を下したあとで、行動実行に関する自己の意思決定を監視しコントロールしている。つまり新たに得られた情報に照らして最初の決定を反省し、その決定を改める必要があるか否かを判断したのである。実際に行動を起こす前に問題のありそうな決定を因果的に評価しようと試みることは、自己の思考や意思決定に対して自己批判的な反省を加えるという、合理性の標準的な基準を満たす。

最後に、行動実行の段階に至ると、大型類人猿は、他の哺乳類や霊長類と比べてとりわけ強力な抑制制御のスキルを発揮する。前章で取り上げたE・マクリーンらの二つの研究[39]では、二つの抑制課題において、大型類人猿の四つの種すべてが、げっ歯類、肉食動物、ゾウよりすぐれた成績を残しており、またアミチらの研究では、大型類人猿の三つの種が、五つの抑制課題で他の霊長類と比べてとりわけすぐれた成績を残している。[40] しかし反省的な認知制御という点で特に重要なのは、目標間で対立が生じる状況に置かれている場合である（この場合、目標ごとに一連の異なる状況に注意を向けなければならない）。それに関連して私と共同研究者ヘルマン、ミッシュ、ヘルナンデス＝ロレダは、チンパンジーと二つの年齢層の人間の子どもを対象に、その種の目標や注意の対立が生じる一連の実験を行なった。[41] その結果意外なことに、チンパンジーは人間の三歳児に匹敵するスキルを持つことが判明した（ただし人間の六歳児にはかなわなかった）。チンパンジーは次の能力を持っていたのだ。

・遠くにある、より大きな褒美を得るために、すぐそばにある小さな褒美の獲得を抑制すること

ができる（空間割引の抑制。類人猿対人間の時間割引の研究はロザッティらの論文を参照されたい(42)）

・状況の変化に応じて新たな行動を選好し、過去に成功した実績のある行動を抑制することができる（戦略変更）

・目標の追求が失敗したり別の何かをしたくなったりしても、当初の目標を追求し続けることができる（行動の一貫性）

・何か別のものごとに注意が引きつけられても、一つのものごとに集中できる（注意の集中）

後二者には、他の魅力的な目標や刺激が行動や注意を求めてしつこく湧き上がってきても、当初の目標を追求し続け、それに関連する事象に注意を向け続ける能力が関与している。また改訂版のストループテスト〔一方の刺激を無視して、他方の刺激のみに、選択的に注意を向けさせる課題〕を用いた研究で、チンパンジーは対立する刺激に注意が誘引されても、それに対処する能力を備えていることを示すさらなる証拠が得られている(43)。色の異なる正方形の枠が二つあり、一方の色の枠に触れると褒美がもらえる。そのことを学習したチンパンジーは、枠とは違う色で枠内が塗られていても、課題を達成することができた（選択により長い時間がかかり、枠と枠内が同一の色で塗られた場合と比べて間違いを犯しやすくはなったが）。しかしヘルマンらの研究(44)でチンパンジーが示したもっとも印象的なスキルは、複数の対立する目標が関わる状況に対処できたことだった。

ある課題では、チンパンジーは強く望む褒美を最終的に手にするために自分が怖れる行動を取ることができたが、そのためには褒美を手にするという目標と、過度に危険なことをしないという目標を調整する必要があった。チンパンジーは、対立する複数の目標をうまく調整することに概して成功した――つまり望みの目標を追求し、危険を無視した――ものの、その前にかなり躊躇することもあった。この事実は、チンパンジーが目標の対立を実際に経験していることを示唆する。

チンパンジーが示す注意や行動に対するもっとも印象的な認知制御の能力は、おそらく二つの持続遂行課題（ＣＰＴ）に見られるものだろう。ヘルマンと私は、チンパンジーと人間の四、五歳児に二つのＣＰＴ課題を与えた[45]。この課題では、褒美がもらえる可能性のある、絶えず変化する二つの場所を同時に監視することが求められた。一方の課題では、同期はしていないもののほぼ等間隔で褒美が出てくる二つの装置を同時に監視しなければならなかった。他方の課題では、第一の装置からは短い間隔で継続的に褒美が出てくるのに対し、第二の装置からはより大きく質のよい褒美がときおり不規則にしか出てこなかった。意外にも、チンパンジーはどちらの課題もうまくこなし、人間の子どもと同程度に手にする褒美を最大化することができた。継続的な監視の課題で得られる褒美を最大化するためには、二つの目標とそれらに対する注意を同時に保ち、状況に応じて柔軟に切り替えることが求められる。その種のプロアクティブな認知制御は、意思決定のプロセスを監視し、行動を起こす前に複数の目標間で起こりうる不整合を検知する能力が存在することを示している。なおこの能力は、特定の意思決定が合理的であるか否かを判断するための基準の一つとしてよく用いられている。またCPT課題でチンパンジーが示すスキルは、類人猿が――この実験では対立する複数の目標間の折り合いをつけ、注意をもっとも効率的に動員する方法を決定するために――一種の計算的合理性を行使していることを示唆する。

反省層とその経験的ニッチ

行動実行に関する意思決定や認知制御のプロセスを監視して、生じた問題に介入し解決する能力は、哺乳類が備える通常の実行層に加え、もう一つの実行（反省）機能層を必要とするように思われる。リスや他の哺乳類は、自己の意図的な行動の実行を自己調節している。だがそれらの動物は、意思決定のプロセスを用いて行動を実行するが、二次的な実行層を欠くため、そのプロセスに働きかけることができず、よってそれを監視しコントロールすることもできない。先にあげた研究によれば、それに対して大型類人猿は、目標指向的な行動のみならず、行動実行における意思決定や認知制御に関与しているプロセスも監視しコントロールする（またおそらく、効率やいわゆる計算的合理性に関する決定を下す）能力を備えている。図5・2は、それらの合理的（反省的）な自己監視や意思決定に関与している組織構造の概略を示したものである（この図は、図4・2に最上段として反省層を、さらに外界の因果的、意図的関係に対する注意をつけ加えたものにすぎない）。

私の仮説では、図4・2につけ加えられた行為主体組織の反省機能層（反省層）は、外界における因果的関係や意図的関係を理解するための、大型類人猿独自の認知スキルの進化に寄与した。より具体的に言えば、この新たな反省層からアクセスすることが可能になった自己の意思決定プロセスの一部を、外界の諸事象に投影するようになった結果、大型類人猿は因果性や意図性が理解できるようになったのだ。また新たな反省層は、この投影プロセスにおいて内的な諸事象（一人称）と外的な諸事象（三人称）を比較し対応させるために必要な、共通の作業空間と表象フォーマットを提供する。言い換えれば大型類人猿は、反省層の出現によって因果的関係や意図的関係を外界の実体やできごとに投影することができるようになったのだ。その理由は、（1）反省層は行動実行に関する自己の意思決定に注意を向けられるようにしたからだ。また、（2）反省層は、自己を外部の他者に投影できるよう両者を整合させるために必要な、共通の作業空間と表象フォーマットを生み出したからである。ただし意図性の場合と因果性の場合では、その働き方は類似しているとはいえ、やや異なる。

大型類人猿は、「簡単な」ケースから始めて、他の行為主体が、知覚に導かれながら特定の目標に向けて意思決定を下したり行動したりする意図的行為主体であることを理解するようになっていく。自己の経験をもとに他の行為主体に関する理解が進化するというこの説は、いわゆるシミュレーション説の変奏《バリアント》である。(46) つまりポイントは既知の概念の適用にある。火星人が地球に

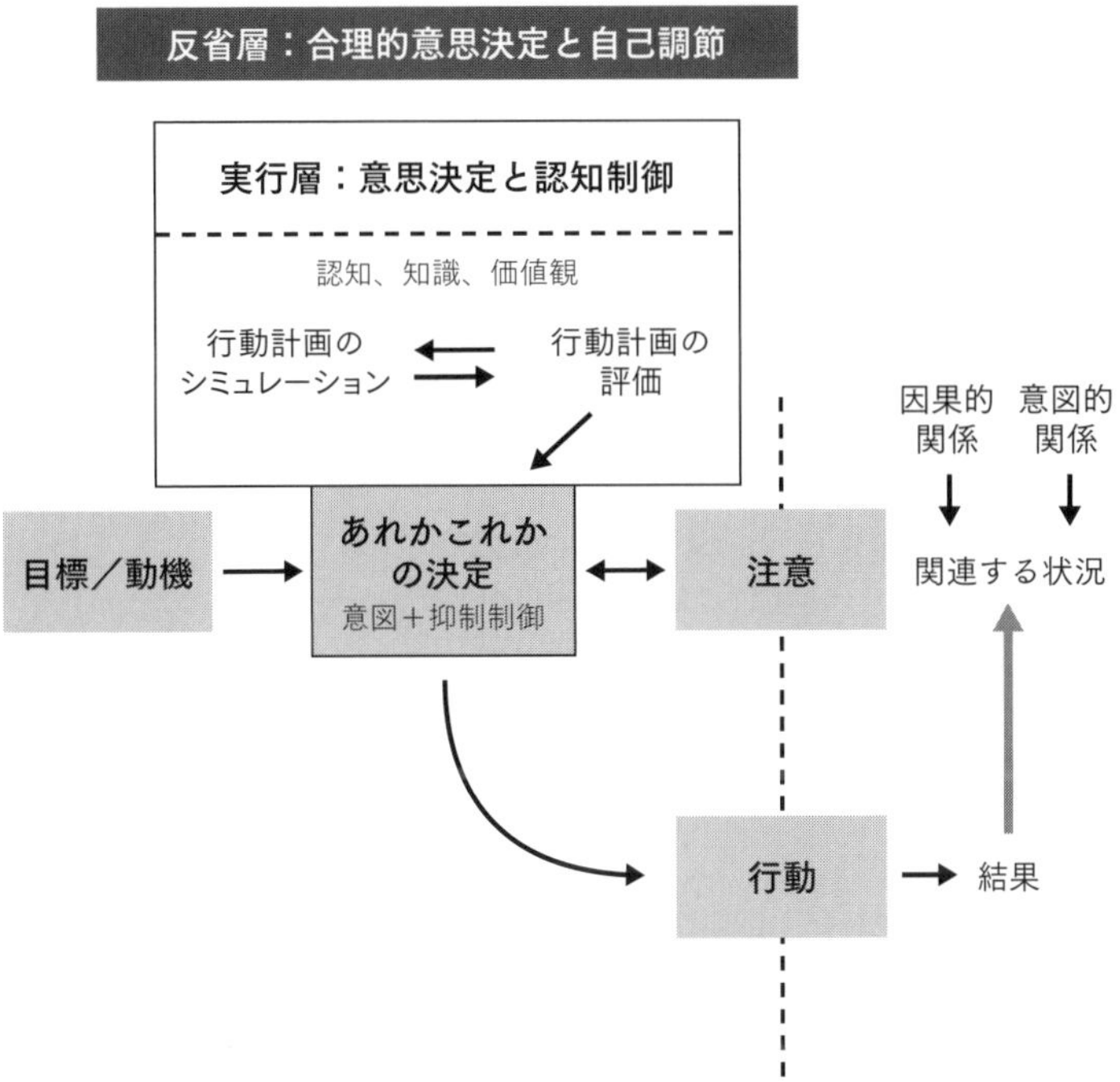

図5.2
2階層から成る実行制御を介する大型類人猿の合理的意思決定。薄灰色のコンポーネントは意図的行為主体のものと同じか類似する。濃灰色の最上段のコンポーネントは、行動実行に関する意思決定と自己調節から成る類人猿独自の二次的な（反省的な）実行層を表わす。

到来して、「俺に目はないが、それでも俺はものを〈見る〉ことができるんだ」と私に言ったとしよう。その場合、私は私自身の視覚経験を参照することができないので、ものを〈見る〉という火星人の言葉がいったい何を意味しているのかが理解できないだろう。またこの火星人が「俺はある〈目標〉を達成することを〈望んでいる〉」と言ったとしても、目標の達成を望んだ私自身の経験を参照することができないので、〈目標〉や〈望んでいる〉という火星人が発した言葉がいったい何を意味しているのかを理解できるはずもない。しかしここには、このようなシミュレーション説的な要素のほかに、「理論説」的な要素も見出せる。つまり次のようなことだ。他の行為主体が持つ特定の目標や経験は、別の特定の状況のもとで私が経験したものとは異なる。したがって任意の状況のもとで私が他者の目標や経験を理解するためには、私は、その状況のもとで他者が持っているはずの特定の目標や経験に関して仮説や理論を立てなければならない。「もしかすると彼は、ボクが手にすることのできない食べ物を入手できるのかもしれない」「もしかするとこの火星人は、私が見ていない何かを見ているのかもしれない」などといった具合に。

この一般的なタイプの説明の一つが、計算論モデルの分野で「インバースプラニング」と呼ばれるものだ(47)。私が自分の行動を計画する際には、私はまず目標を策定してから、それを達成するための手段を検討し、結果を観察する。それに対し、他者の意図的な行動を理解する際には、手段として用いられた行動と結果を観察し、そこから目標とその行動を導いた知覚を推論しなければならない。このように大型類人猿は、自分自身に基づく概念を他者に投影する能力と、そのときに他者が直面している状況に鑑みて心的状態に関する仮説を立てる能力の両方を使って、他者の行動を予測するのだ。

大型類人猿が自己の経験を他者に投影しているという説は、実験によって裏づけられている。カルグらは、〔特定の角度から〕スクリーンのフタ越しに内部を見通すことのできる箱をチンパンジー〔以下被験個体と訳す〕に見せた。(48) それから被験個体は箱を横から見ることになり、その視点からは、スクリーンのフタが不透明に見えるせいで、箱の内部が見えなくなった。そこへ競争者がやって来て、被験個体が以前見ていた角度から箱を覗き込んだ。二頭が箱の中身のエサを競い合う状況になったとき、被験個体は、自身には見えなくても競争者がフタ越しに箱の中のエサを見ることができることを理解していた。被験個体がそのことを知っているのは、もとの角度からフタ越しに箱の中を直接見ることができたという自身の過去の経験を、新たに競争者に投影したからだとしか考えられない。また狩野文浩らは、他種の類人猿、ならびに別の実験方法を用いて類似の結果を得たと報告している。(49) さらにシュメルツらはまったく別の実験方法を用いて、二頭のチンパンジーにエサの奪い合いをさせている。(50) エサをせしめるためには、被験個体は競争者がどのエサを好み選択するかを予測しなければならなかった。するとどちらのチンパンジーも、自分自身の好みを競争者に投影することで相手の選択を予測した。つまりチンパンジーは、好みに関する自己の心的状態を競争者に投影したのである。

自己の機能の様態を他個体に投影するためには、自己と他個体のあいだに、投影を正当化するのに十分な類似性を見出す必要がある。進化の観点から言えば、自己の心理機能を他個体に投影する能力は、大型類人猿が食物をめぐるとりわけ激しい競争に直面することで進化した。つまり自己の心理機能の様態を競争者に投影することによって、競争者の行動を予測する（そして競争に勝つ）能力の進化が促されたのである。しかし私の考えでは、もっとも直接的に寄与した適応的状況には、社会的学習や模倣が関与していた可能性が高い。というのもそれらの状況のもとでは、個体は、他個体の行動と意図を自己のものに対応させるために、他個体の心理機能を自己のものに照らし合わせてシミュレートする必要があるからだ。この仮説は、「多くの哺乳類が食物をめぐってかなり激しい競争を繰り広げるにもかかわらず、その状況が、類人猿と同じように他者を意図的行為主体として理解することにはどうやらつながっていない」という事実によって裏づけられる。したがって類人猿独自の社会的学習と模倣を行なうには、自己と他個体の心理レベルを一致させる必要がある。それゆえこれらの能力が進化したのはおそらく、類人猿が他の哺乳類から分岐し、自己と他者のあいだに、あらゆる種類の整合性を見出すための独自の基盤が確立されたあとであろう。その過程に共進化のプロセスが関与していたことは、ほぼ間違いがない。というのも、競争と社会的学習の両方において他者の行動をより正確にシミュレートする必要性が、そのような能力の進化を促し、互いの利益をもたらしたからだ。

自己の心的状態を他者に投影するプロセスは、哺乳類のなかでも類人猿独自のスキルであることはほぼ間違いない（実際には、サルのいくつかの種はある程度そのスキルを示す[51]）。しかし自己の行動と他者の行動には明確な類似性があるので、それは少なくとも比較的単純なものだと言わざるを得ない。同じ動物種の個体はすべて、身体に関しても行動に関しても非常に似通っているのだから。しかし自己をもとに他を一般化することは、生命のない物体や物理的な因果関係が関与する物質的な事象へ投影するとなると、それほど単純ではなくなる。生命のある行為主体とは異なり、物体は「力を加えられた」場合にのみ、すなわち生命のある行為主体――あるいは重力のような遠隔的に作用する神秘的な力（ニュートン自身、重力をオカルト的な力と考えていた）――によって動かされた場合にのみ動く。だからデイヴィッド・ヒュームは、因果関係に関する人間の理解の基盤についてあれこれ考えたのだ。ビリヤードボールが別のビリヤードボールにぶつかって後者がテーブル上を転がり始めるとき、私たちは空間的、時間的な連続性のみを経験する。動いているボールが静止したボールと接触し、その結果、後者が動き出したように見える。だが、そこに因果的な「力」が関与しているという推論は、いったい何によって正当化されるのか？

ここで、ディキンソンの研究を思い出していただきたい。彼の見出した証拠によると、ラットは単に自己の行動をその結果に結びつけるだけでなく、自己の行動によって結果が引き起こされたと理解していた[52]。しかし、その種の内的に生み出された因果性と、生命のない物体間の外的な因果性のあいだには巨大な差がある。どうすればその差を埋められるのか？　ピアジェは、その差を埋めるのが道具の使用に他ならないと考えた[53]。すでに見たように、類人猿は道具の使用に長けている。道具を柔軟かつ的確に用いるためには、行為主体によって引き起こされた道具の動きと道具の特性が本質的に統合されなければならない。したがって道具の使用には、生物の行動と道具の特性の両方が本質的に関与するので、それをうまく使うためには、言うならば生物と環境の境界をまたぐ必要がある。しかし道具の因果的な性質は、それを使用するプロセスで受動的に関与するにすぎない。ちなみに道具の持つこの性質は、能力付与要因と呼ばれている。自己の行動とは独立して作用する因果的な力として物体を理解するためには、さらなる一歩が必要になる。この一歩を踏み出すためには、類人猿は意図的行為主体的なあり方で動くものとして物体を見る必要があっただろう。すなわち行為主体の行動と、外界におけるその結果のあいだに存在する因果関係との類推で物体を見る必要があったのだ。おそらく類人猿は、その種のアニミズム的な属性を物理的な事象に付与しているのかもしれない。そしてそれが、物理的な因果関係に関する類人猿の理解の基盤をなしているのだろう（本章の冒頭にあげたコリングウッドの言葉を参照されたい）。

　そのことは、前述のとおり大型類人猿が因果関係に関する理解を論理的推論の枠組みへと構造化しているという興味深い事実によって裏づけられる。大型類人猿は、事象Xが事象Yを引き起こすことを知っていれば、事象Xが起こったときには事象Yも起こることを、また事象Yが起こっていないときには事象Xも起こっていないことを知っている。そのような論理的に構造化された推論の枠組みは、因果的な属性の付与の起源を自己の行動に求める仮説を裏づける証拠になる。なぜなら、そのような枠組みが行為主体自身の行動に関する因果的な論理に由来することに、ほぼ間違いはないからだ。かくしてラットを用いたディキンソンの実験で見出されたような、自己の行動に関する因果的な理解によって、次のような推論がもたらされる。「ボクが行動すれば何らかの結果が生じるだろう。行動しなければ結果は生じない。結果が生じていないのなら、ボクは因果的に有効なあり方で行動しなかったのだ」「ある結果を引き起こす方法が二つしかなく、一方の方法が因果的に有効でなかったなら、他方の方法は因果的に有効なはずだ」などである。その種の推論は、(ラットにすでに見られるように)自己の行動と、操作レベルに対するその影響をめぐって一次的な実行レベルでなされる。次に大型類人猿は、反省層の働きによって、自己の行動に関するこの内面的な因果的推論を、(物体が自然に落ちる、あるいは物体の動きが止められるなどの)自発的に生じたかのように見える外的な事象に対応させることができる。そしてそれは、一連の因果関係の一部をなすという、道具の性質に関する既存の理解に基づいている。ピアジェの言葉を借りれば[54]、類人猿における自己の行動の原因に関する推論はインプリケーション(含意)であるのに対し、外的な事象を(たとえば予測するために)説明しようとする試みはエクスプリケーション(説明)である。どちらも反省的な理解を必要とし、同一の「行動の論理」が異なった様態で用いられる。

明らかに、自己の行動の因果性を外界の生命のない実体に投影するプロセスは、他の意図的行為主体に投影する場合と比べると直接性の程度がはるかに低い。とはいえ、人間の子ども(や多くの社会におけるおとな）には、物理的な事象をアニミズム的に（雲は行為主体として動く、風は行為主体的な原因であるなど）、あるいは擬人的に（想像上の存在や人間に似た存在、あるいは神がものごとを起こすなど）説明しようとする強い傾向があることは注目に値する。その意味で言えば、重力が物体を「下方に引っ張る」、ビリヤードボールが「押し合う」などといった私たちの直観的な理解は、ものを引っ張ったり押したりするときに行使している、私たち自身が生み出した力との類推に由来している可能性がきわめて高い――他にどんな説明があろうか。

「外界における因果的、意図的な関係に対する大型類人猿の理解」に関する概念的な基盤を説明する、以上の仮説は推測ではあるが、類人猿が持つ独自の形態の反省的（合理的）な意思決定や認知制御にそれらの認知スキルを結びつけたければ、私にはそれに代わる仮説が思いつかない。トカゲなどの爬虫類は注意や行動から成る基本的な層しか備えておらず、したがって因果性や意図については何も知らない。リスなどの哺乳類は実行機能層を備えており、よって世界に対する自己の行動の因果性を理解している。類人猿は二次的な実行機能層、つまり反省層を備えており、よって外界の事象の因果性や意図性を理解している。反省層によって、自己の意思決定や認知制御に対してメタ認知的にアクセスし、それらを外界に投影することができるのだ。

以上の仮説は、行為主体的な組織の変化によって、その生物の経験的ニッチも変化するという私の主張を裏づけるもう一つの例になる。このケースでは、大型類人猿に特徴的に見られる行為主体的な組織の変化――意思決定と認知制御から成る二次的な実行層の出現――によって経験的ニッチが形成された。経験的ニッチは、物理的な事象の基盤をなす原因と、行為主体的な行動の基盤をなす意図――両者とも類似の論理的推論の枠組みへと組織化されている――によって構造化されている。かくして大型類人猿は、直接的な知覚の対象にはならない、因果的、意図的に構造化された世界の状態を想像することができるようになったのである。

だが大型類人猿はほんとうに合理的なのか？

したがって私の主張は、「大型類人猿は合理的行為主体である」というものになる。大型類人猿は、現在経験していない未来の目標のために計画を立て、外界の因果的、意図的な関係の理解に基づく論理的に組織化された推論を行なって、ものごとが起こる理由を説明する。また自己の意思決定プロセスを自己批判し、問題や矛盾を因果的に分析して、その解決のために介入する。さらには行動を実行する段階で自制する、あるいは目標間の対立を解決するなどといった印象的なスキルを示す。私の考えでは、哺乳類一般が備える心理組織では、以上のことを実現できるわけではなく、類人猿はより効率的な実行プロセスをさらに必要としている。哺乳類が持つ一次的な実行層がより効率的な決定を下すためのものであるとすると、大型類人猿が持つ二次的な実行層はさらにすぐれた効率的な決定を下すためのものなのである。

もちろん、それらの高度な機能を備えていればほんとうに「合理的」行為主体と呼べるのかどうかについては、問われてしかるべきだろう。言うまでもなく「合理的」という言葉は、社会科学や認知科学や哲学の分野においてさまざまな意味で用いられている。経済学者は、目標や好みの対象を知的に追求することのみをもって合理的と見なすが、その意味では、大型類人猿は明らかに合理的行為主体であろう（最後通牒ゲームで大型類人猿が最大の利益を得ようとする合理的主体であることを示したジェンセンらの研究を参照されたい[55]）。さらに言えば、必要なデータがすべて揃っているわけではないが、大型類人猿は一種の「計算的合理性」を行使していることも考えられる。計算論モデルの研究者によれば、「計算的合理性」は「関連するさまざまなコストを考慮に入れることで、効率的な意思決定を下すこと」と定義される。しかし大型類人猿は、社会規範に基づく合理性の基準に従って思考を統制するという、厳密に哲学的な意味での合理的行為主体ではない。そのような能力が人間独自のものであることはほぼ間違いないが、それについては次章で検討する。ここで私が用いる合理性の基準は、社会規範に基づく基準に加え、しばしば哲学者が用いるいくつかの基準を取り入れた、中間的な立場のものだ。具体的に言えば私が用いる基準は、次の二点だ。（1）論理的に構造化された因果的、意図的な推論を用いて外界について考え、経験に合理的な一貫性を与える。（2）行動を起こす前に対立する目標の相対的な利点を反省して両者を調整し、心理機能一般に合理的な一貫性を与えるなど、自己の思考や意思決定に対して反省的で自己批判的な立場を取る。

大型類人猿の合理的行為主体性を説明する私のモデルには、認知科学の分野でこれまで行なわれてきたさまざまな研究の成果が取り入れられている。行為主体性を備えたあらゆる生物種に適用可能なモデルの基本構造は、知的な行動を説明するさまざまな理論的アプローチに共通して用いられているフィードバック制御システムである。このモデルによって説明される意思決定の働きは、単純化されたヒューリスティクスを用いるプロセスなど、意思決定の科学のさまざまなアプローチに共通して見出されるプロセスの、一種の汎用バージョンから成る。またこのモデルによって説明される実行制御や認知制御のプロセスも、認知科学や神経科学のさまざまな分野で用いられているモデルの汎用バージョンだと言える。私はこれまで、そうしたさまざまな構成要素を統合し、大型類人猿の行動データと合致する、単純ながら一貫したモデルを構築しようと試みてきた。まさにその過程を通じて、私は類人猿には二次的な実行機能層が必要だと考えるようになったのである。したがって私のモデルは、ケクランとサマーフィールドのモデル[56]（やメタ認知に関する「グローバルワークスペース」モデル[57]）のような、階層構造をなす実行（認知）制御モデルと基本的な特徴を共有する。またそれらのモデルは、二次層がたとえば一次層の実行機能の効率性や信頼性を判断することで一次層に働きかける、二つの階層から成る実行機能を類人猿が備えているという説を支持する。なお現時点では、そのような判断力は大型類人猿にしか確認されていない。

このような二つの階層から成る心理構造モデルのおもな利点は、これまでは人間においても動物においてもたいていは個別に研究されてきた種々の実行プロセス——プランニング、抑制、注意モニタリング、ワーキングメモリー、メタ認知など——を、一つの一貫したモデルに統合することができる点にある。私の概念的な見立てでは、各実行層はそれ自体がフィードバック制御システムであり、「下位の」さまざまなプロセスに注意を向け、効率的な意思決定を下すべくそれらのプロセスの自己調節を試みる。またこのタイプの統合モデルは、たとえば、実行か中止かの決定とグローバル抑制の結びつきや、あれかこれかの決定とよりプロアクティブな抑制制御プロセスの結びつき、あるいは大型類人猿の反省的な決定とメタ認知的モニタリングの結びつきなど、意思決定と実行（認知）制御の緊密な結びつきを明確化する。

いずれにせよ、定義やモデルは脇に置いたとしても、大型類人猿が行為主体として人間と非常に似ていることに関しては、実験でもはっきりした結果が得られている。大型類人猿は、多くの実験課題で人間（たいていは人間の子ども）に匹敵する成績を残す。それには、実行中の心理プロセス、あるいは実行プロセスさえ対象にして、反省し実行制御することが含まれる。したがって、それらのプロセスの進化的起源や個体発生的な起源を、人間独自の形態の文化や意図的な指示や言語に求めることはできないという、明白ながら意義深い結論を引き出すことができる。むしろそれらのプロセスは総体として、あらゆる大型類人猿が備える、進化によって築かれた一つのシステムを構成し、行動に関する効率的で効果的な——実のところ反省的で合理的な——決定を下すことを可能にしているのである。

第6章　社会規範的行為主体——太古の人類

社会的生活環境は（……）一定の見たり触れたりすることのできる具体的な行動様式を刺激するような情況を設定することが、最初の段階である。そして、個人をその共同活動の参加者すなわち仲間にして、彼がその成功を自分の成功と感じ、その失敗を自分の失敗と感ずるようにすることが、その完成段階なのである。

——ジョン・デューイ『民主主義と教育』（松野安男訳、岩波書店）

大型類人猿がすでに合理的行為主体であるのなら、地球上の大型哺乳類のニッチを完全支配することを可能にした、人類独自のさまざまな産物や生活様式——それには高度なテクノロジー、象徴システム、文化制度が含まれる——について説明するためには、いかなる形態の行為主体を人間に割り当てればよいのだろうか？

その答えには、進化がやってのけたもっとも古い芸当の一つが、新たなレベルで関わってくる。過去三〇億年の地球上の生命の歴史のなかで、生命組織に関して何回かの大きな移行——染色体の出現、多細胞生物の誕生、有性生殖の登場など——が生じている。いずれの移行も、同じ基本的なパターンで生じている。つまりそれまでは独立して存在していたいくつかの実体が集まって、一個の統合体として活動するようになるというパターンだ。[1] 人類の誕生、ならびに人類による他の哺乳類の支配も、この一般的なパターンに合致する。つまり個人が集まって、社会的に共有された行為主体――社会的に構成されたフィードバック制御システム――が形成され、個人が独力では達成し得ない共通の目標を集団で追求するようになったのである。

この移行は、二つの進化的段階を経て達成され、その結果は今日でも人間の行動や心理を構造化している。最初の段階では、(ホモ・サピエンスが誕生する以前の)初期人類は各人が対面的なやり取りを通じて協力し合いながら、とりわけ狩猟採集の場面で共同目標を追求するようになった。こうして初期人類は、他の個人とともに共同的行為主体を形成したのだ。次の段階では、現生人類(農業や文明が誕生する以前の初期のホモ・サピエンス・サピエンス)が明確に区別される文化集団を形成し始め、おのおのの集団が独自の文化を実践しながら、独自の集合的な目標を追求するようになった。こうして現生人類は互いに集まり、文化集団として集合的行為主体を形成したのだ。共同的行為主体も集合的行為主体も真の行為主体であり、いずれにおいても、社会的に構成された新たな形態の自己調節――規範的な自己調節――が作用し、各個人は、個体として自己の行動を管理コントロールすることだけでなく、自らが属する共有された行為主体の規範に沿って行動することを強いられる。このように、共有された行為主体として活動する個人は、社会規範的行為主体なのである。

初期人類は、社会的に共有された行為主体性を持つことで、それまでにはなかった数々の予測不可能な難題に直面するようになり、それに対処するためには、さまざまな心理的適応を新たに遂げる必要があった（くだんの落ち葉掃除機に、他の類似の掃除機と協力して落ち葉を集めさせるとしたら、いったいどれだけの機能をつけ加えればよいのかを考えてみればよい）。共通の目標に向けて、独自の目標や価値観を持つパートナーと一致協力し合うために自己の目標の追求をあきらめることほど、リスクが高く不確実なことがあろうか？　さらに言えば、その「パートナー」が文化集団全体であった場合には、リスクや不確実性はよりいっそう増幅される。そのような形態で社会的に構成された行為主体を機能させるために、祖先の人類は社会的連携のスキルと社会的な動機づけの両方を新たに発達させた。そして社会的に共有された複雑な行為主体は、──少なくともこれまでのところ──人類においてみごとに機能した。かくして人類は、集団レベルでありとあらゆる成功を収めたばかりでなく、さまざまなタイプの個人的スキルや動機づけを備えた、高度に繁栄する生物種になったのである。

初期人類の協働における共同的行為主体性

チンパンジーや他の大型類人猿は、他個体とともに捕食を実践することが多いが、食物を採取して食べるプロセスは基本的に各個体によって営まれる。通常の状況下では、果実のなる木を見つけるまで数頭のチンパンジーが一緒に移動するが、見つけてからは各個体が単独で行動する。

チンパンジーは好機をとらえて集団でサル狩りをすることもあるが、それはライオンやハイエナなどの社会的な肉食動物の行動と基本的に変わらない。各個体が単独でサルを捕獲しようとし、その過程でサルの行動と他のチンパンジーが取りそうな行動の両方を考慮に入れる。心理的な観点から言えば、各個体は自己の目的のために、狩りに参加している他個体を「社会的道具」として扱っているのだ。

人類はチンパンジーや他の大型類人猿からおよそ六〇〇万年前に分岐し、協働による狩猟採集は一〇〇万年前頃から始まっている。ヒヒのような地上性のサルが広範に拡大したのが、この時期の特徴である。人類は拡大してきたサルと果実や植物をめぐって競合し、新たな捕食ニッチへと追いやられたのかもしれない。協働は動物の死骸の肉をあさることから始まったと考えられる。なぜなら、同じ食物を求める他の動物を追い払うために、ある種の同盟を組む必要が生じたはずだからだ。しかし初期人類は特定の時点から、大型獣を狩る際やある種の植物性食物を採集する際に、積極的に協力し合うようになる。その典型的な例が、協力し合えれば参加者全員が何らかの恩恵を期待できる、シカ狩りのような互恵的な状況だ。このパターンは、協働による大型獣の狩りを組織的に行なっていた、四〇〇万年前頃の初期人類——ネアンデルタール人と現生人類の共通の祖先——にとりわけはっきり認められる。(2)

シカ狩りにおいては、恩恵に浴するためには各人が協力し合う必要があり、協働によって得られる恩恵は、単独で行動する場合に得られる恩恵より大きい（単独で行動すればシカ狩りそのものをあきらめなければならないか、少なくともリスクがともなう)。初期人類が協働によって食物の大半を手にするようになると、それは義務になり、とりわけ差し迫った緊急時に各人が互いに依存するようになった。[3] また、その種の依存関係では、パートナーの選択が重要になる。協働に長けていない——うまく協力し合えないなど——個人は、パートナーとして選ばれなかっただろう。同様に、協力する気がない——獲物を独り占めしようとするなど——個人はパートナーとして選ばれなかったはずだ。その結果、協力者として有能で、協力する気のある個人を選択する、極端に強い社会的な圧力がかかるようになったのである。[4]

初期人類は、合理的なパートナーと共同的行為主体を組む能力を発達させることで、大型類人猿から受け継いだ合理的行為主体としてのスキルを、協働による狩猟採集を行なう際に生じる課題——すなわち独自の目論見を持つ、何をするかわからないパートナーと協働することで生じる課題——に適用した。そのためには、類人猿のおよそ二倍の大きさの脳に依拠し、よって大型類人猿には無縁の三つの適応が必要とされた(事実、ゴンザレス＝フォレロとガードナーの分析[5]によれば、この期間の初期人類を特徴づける脳の成長のおよそ六〇パーセントは、協力的なやり取りへの適応に関係していた)。第一に、人類は個人の目標を超える共同目標を協力し合って設定しなければならなくなり、それには認知と動機の両面で適応を遂げねばならなかった。第二に、協働において各人の役割を連携する必要が生じ、そのために視点取得や協力的コミュニケーションという新たな形態の能力が必要になった。第三に、協働の最中に予期せぬ事態が発生しても、

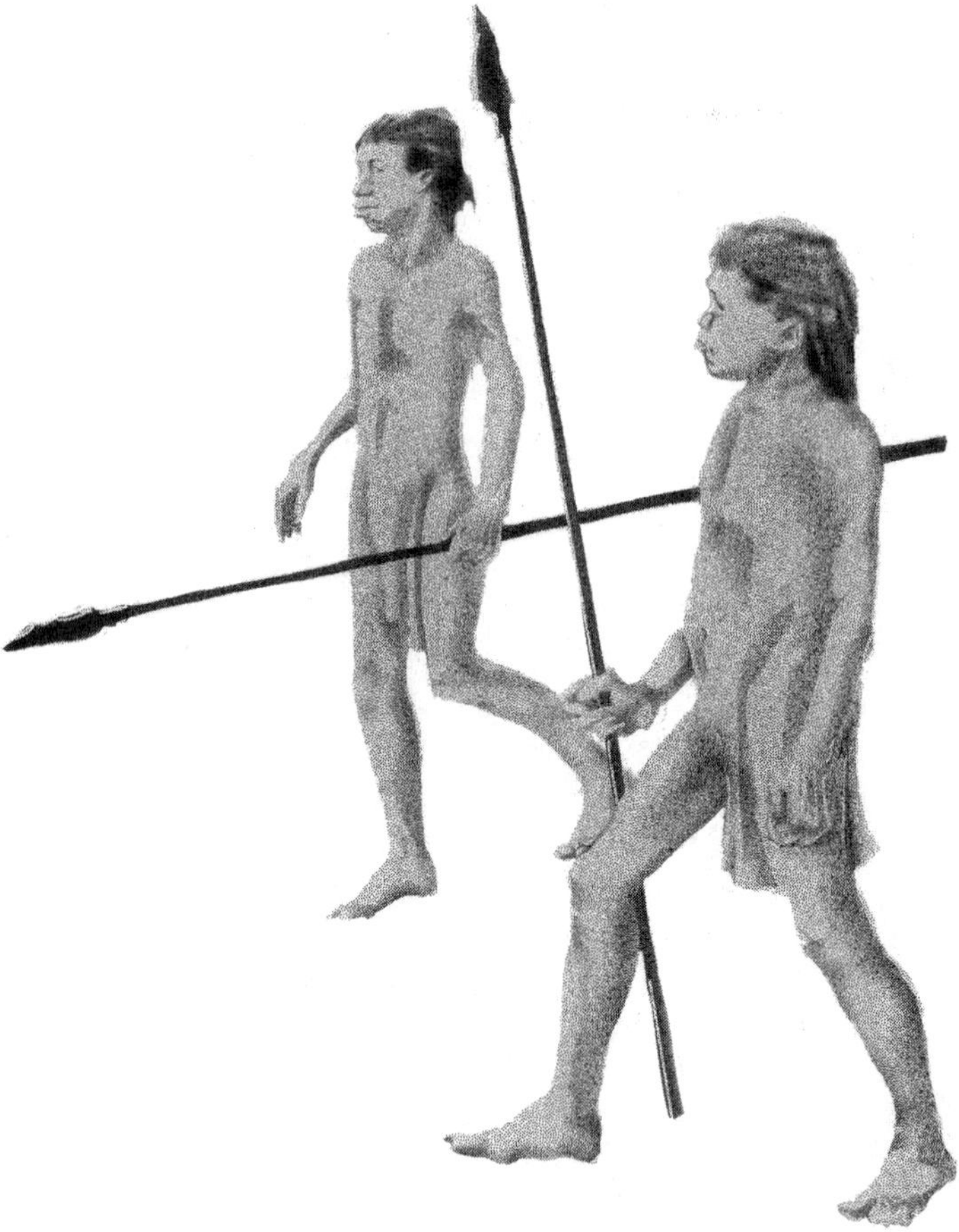

図6.1　およそ40万年前の初期人類の想像図。

――特定の実行レベルから協働を認知的にコントロールし合うことで――万事を予定どおり進めなければならなくなり、そのために社会的に自己調節する新たなメカニズムが必要になった。以上の三つの適応について、以下の三節で個々に詳しく説明しよう。

共同目標を設定する

シカ狩りの参加者は、不確実性に満ちた状況判断を強いられる。具体例をあげよう。各人が価値の低い獲物(ウサギ)を追っている最中に、捕獲するには協働が必要になる価値の高い獲物(シカ)が現れたとする。誰もがシカを仕留めたいはずだが、それが可能なのは他の参加者もシカを仕留めようとする場合に限られる。誰もが他の誰かが動くのを待っていたら、麻痺状態になって何も起こらない。各参加者は、どうすればシカ狩りにともなうこの不確実性を緩和させることができるのか?

それに対する答えは、シカ狩りの状況をモデル化した比較実験が示すように、協力的コミュニケーションである。たとえば、次のような実験が行なわれている。二頭のチンパンジーがおのおの単独で価値の低い獲物を追っているところに、獲得するには協働が必要な価値の高い獲物が突然出現する。すると一方のチンパンジーが――いわば無頓着に――シカを追い始め、それを見た他方のチンパンジーもシカを追い始めた。二頭は、その決定に関して情報を伝達し合ったわけではなく、前者のチンパンジーは単独でシカを追わねばならない状況に陥りうるという大きなリスクを抱えていた。それに対して幼い人間の子どもは、一緒にシカを追うという決定を共同で下すことで、前もってそのようなリスクを軽減しようと試みる。たとえば一方の子どもが興奮しながらシカを指差したり、他方の子どもに自分のあとについてくるよう言葉で促したり、二人でシカと相手の子どもを交互に見合って、シカが出現したことを自分が知っていることを相手に伝えたりするのだ。[6] その種のコミュニケーション行為は、参加者のあいだで「誰もが一緒にシカを追いたいと考えていることを、皆互いに知っている」という、協力関係に関する相互認識や共通基盤を確立することでリスクを軽減する。こうして共同目標を追求する共同的行為主体が形成されるのだ。

共同目標を設定し達成するためには、各人は、それに関連する障害や好機に、逐次共同で注意を向ける必要がある(個々の行為主体が、自己の目標に関連する状況に注意を向けることに似ている)。たとえば、二人の初期人類が協力し合いながら獲物を狩るとき、レイヨウが水場にたたずんでいたら、二人の注意はともに、この関連する好機に自然に向かい、行動に関する共同計画を立てるだろう。また二人とレイヨウのあいだに横たわる深い溝があれば、二人の共同注意はやはり自然とその障害に向かい、それを回避する共同計画を考案するだろう。幼い人間の子どもは、最初の誕生日を迎える頃からおとなと注意を共有し始める。なおこの共同注意は、外的な状況を見つめる視線を同期させ、また指差しなどのコミュニケーション行為を通じて、能動的にパートナーと注意を共有しようと試みることで確立される。[7] それに対して、さまざまな実験が行なわれているにもかかわらず、チンパンジーが、人間やチンパンジーの仲間と（母親とさえ）、人間と同様の共同注意を共有するところが観察された事例は一件もない。[8]

動機づけの面で言えば、共同注意が形成される際にカギとなるのは、各パートナーが、自分自身も協力的な精神のもとで自己の役割を全うするつもりであると相手に請け合うことである。こうして各パートナーは、相手も同じことをすると想定しつつ、自己の個人的な利益よりも、共同的行為主体の利益をある程度優先するのだ。またこのプロセスには協力的コミュニケーションが必要であり、協働に共同でコミットすることを互いに保証し合う。[9] なおその効果は、二つの系統の比較実験で確認されている。一つ目の実験は、次のようなものである。協働中の二頭のチンパンジーの一頭が突然先に褒美を手にすると、このチンパンジーは単純に持ち逃げする。[10] それとは対照的に、幼い人間の子どもはそれでも協働を続け、相手も褒美を手にするまで自分の褒美を楽しむことを遅らせる。[11] 二つ目の実験は次のとおり。協働によって共同目標が達成されると、チンパンジーの上位の個体は、可能なら褒美を独り占めにし、相手を排除しようとする。その場合、二頭の協働が続く可能性は低い。[12] それに対して、協働中に褒美を手にした幼い人間の子どもは、ほぼつねにそれを均等に分配し、協働の継続が促される。[13] 人間の子どもには見られ、大型類人猿には見られない共同コミットメントの目的は、協働する際に両パートナーが直面する不確実性を軽減することにある。

したがってここで、「共同目標を追求するために、共同注意や協力的コミュニケーションのスキルを動員して共同的行為主体を形成するという、人間の子どもに見られる人類独自の能力は、数十万年前の初期人類に生じた適応を反映する。同様に、互いに共同コミットメントしようとする——また互いに自己の個人的な目標よりも共同的行為主体の目標を優先させることで、リスクを軽減しようとする——人間の子どもに見られる人類独自の動機づけは、それと同じ進化の過程で生じた適応を反映する」という仮説を立てることができる。人類独自の行為主体性の基盤は、他者と共同目標を設定する能力や傾向にあり、それによって進化的に特異な、社会的に構成されたフィードバック制御システムが生み出されたのである。

役割の連携

共同目標や共同注意によって、ある種の共有された世界が構築され、初期人類はそのもとで協働できるようになった。しかし効率的に協働するためには、各人は自己の目標と、独自の役割を担うパートナーの視点の両方を同時に考慮しなければならない。たとえばレイヨウ狩りにおいては、一方のパートナーは追跡者の役割を、また他方のパートナーは獲物を槍で突く役割を担う。どちらの役割を担おうが、両パートナーとも共有された状況下で独自の目標や視点をもって行動している。共通の目標に向けてそれら二つの役割をうまく連携させせるためには、両パートナーとも、まず相手の役割と視点を理解し、しかるのちに可能なら、協力的コミュニケーションを通じて互いの役割と視点を補助し合う必要がある。

チンパンジーは、協働で新たな役割を担う機会が与えられると、まずその役割を学習しなければ効率的に実行することができない。それは、すでにその活動で他方の役割を担ったことがあってもなくても同じである。それに対して幼い人間の子どもは、他方の役割をすでに担ったことがあると、新たな役割の演じ方をただちに理解する。おそらく以前に協働した際に、自分の役割のみならずパートナーの役割も理解していたからだろう。[14]このような種間で見られる差異は、協働の最中に役割交替を命じられたときに明瞭になる。人間の子どもはそれをやすやすとこなすのに対し、チンパンジーはこなせないのだ。[15]このように幼い人間の子どもは、独自の役割（目標）を担う協働のパートナーが何をしようとしているのかを理解し、その役割を果たすうえで関わってくる（パートナーの視点から見た場合の）障害と好機の両方を特定して、両者の役割を心的に連携させることができるのである。

協働中のパートナーのどちらかが、相手がまだ気づいていない、共同目標に関連する状況に気づいた場合、気づいたパートナーが相手の注意をその状況に向けさせることができれば双方の役に立つ。かくして初期人類は、協働の成功を促すのに役立つ情報をパートナーが教え合う、新たな形態のコミュニケーション――協力的コミュニケーション（共同目標や共同コミットメントの形成にも使われた）――を進化させたのだ。[16]その最初の事例は、指差しや無言のジェスチャー《パントマイム》という人間独自の身振りであった。そのような身振りを用いて効率的なコミュニケーションを図るためには、両パートナーが相手の視点に立つ必要がある。「私は、私が注意を向けているものにあなたが注意を向けていないことを知っている」、あるいは逆に「あなたは（あなたの身振りかららして）私が注意を向けていないものに注意を向けているようだ。私はそれが何なのかを見つけ出してみよう」などといった具合に。

チンパンジーは、そのような方法でコミュニケーションを図ろうとはしない。チンパンジーの集団狩猟では、サルが近づくのを見た個体は甲高い声をあげる。他個体がその声を聞いて何らかの推論をすることもあろうが、ンパンジーの個体は結果を意図して甲高い声をあげるわけではない。実のところ、実験で観察される、チンパンジーの協働のもっとも顕著な特徴の一つは、パートナーと能動的にコミュニケーションを図ることが、チえそうすることが簡単で有益であったとしても、まずないという点だ[17]。チンパンジーがパートナーの視点を共同注意へと向けさせようとしない理由は、そもそも視点や共同注意などといった概念をもとに活動しているわけではないからである。

　自然な身振りは明らかに言語ほど強力ではないとはいえ、初期人類は指差しやパントマイムを用いて協力し合いながら、共同目標に向けて計画を立てて意思決定を下し、途中で予期せぬ事態が生じたときにはそれに対処するようになった。たとえば初期人類は、経験の共有に基づく共通基盤に依拠しながら、一人が川を指差し、もう一人がそれに同意することで一緒に魚を獲る決定を下したり、一人が槍を使って狩りの真似をし、もう一人がそれに同意することでレイヨウを狩る決定を下したりしたのだろう。協働の最中にも、指差しやパントマイムを通じて、「きみはそっちに行け。おれはあっちに行く」「今だ、わなの引き金を引け」などといったように、その都度互いの役割を連携させたはずだ。その種の協力的コミュニケーションは、心的に連携するための独自の認知スキルに依存すると同時に、その発達を促しもする。というのも各人は、共同目標に関連する状況に対して共同注意を向けるために、互いの視点をシミュレートし整合させる必要があるからだ。[18] 人間の子どもは自然にそのような方法でコミュニケーションを図るので、誰かが食べ物の隠し場所を指差せばその在りかを簡単に知ることができる。つまり指差した子どもは食べ物の在りかを見つけられるよう相手を導こうとしているのだということを、それを見た子どもはただちに悟るのである。大型類人猿は、そのような単純な状況のもとでも、それと同じ推論をすることがない。なぜならその種の推論は、指差す個体に、協力し合おうとする（食べ物を見つけられるようパートナーを導こうとする）動機と、再帰的な心的連携能力の両方が備わっていると想定する必要があるからだ。ちなみに再帰的な心的連携とは、たとえば「彼女は、私が食べ物がバケツに入っていることを知ることを意図している」と入れ子式に考えることをいう。ところが類人猿は、単純にそのような動機も持たないし、その種の推論を行なう能力も備えていない。端的に言えば、大型類人猿は他個体と協働しながら生活するような方向には進化してこなかったということだ。[19]

　したがって私は、「初期人類は、共同目標の達成に向けて共同的行為主体的行動を心的に計画し連携させるために、いくつかの人類独自の認知スキル――もっとも重要なスキルとして視点取得と協力的コミュニケーションがあげられる――を進化させた」という仮説を提起したい。しかし個体として活動する行為主体にとってと同様、共同的行為主体にとっても、事態が計画どおりに進展するとは限らない。したがって同様に、そのプロセスを認知的にコントロールし自己調節する必要が生じる。

協力し合いながら協働を自己調節する

個体がよりよい協働のパートナーを得ることを可能にする二つの主たるメカニズムは、パートナーの選択とコントロールである。初期人類の狩猟採集では協働が必須であったが、そこでのパートナー選択とは、最善のパートナーを選ぶ（そしてそれ以外の個人を排除する）ことを意味していた。その一方、パートナーのコントロールは、パートナーを選択したあとで、効率的に行動するようパートナーをコントロールすることに関わる。パートナーのコントロールに関して動物界でもっともよく知られている例は、望みどおりに行動しない他個体を罰するというものだ。しかし初期人類は、新たな形態のパートナーコントロールを生み出した。協働が始まったあとで（したがってすでに選択したパートナーとの関係を解消することにはコストがともなう）、パートナーの行動に不満を感じたとき、「あなたは協力的ではない。そんな態度を取り続けるのなら、あなたとの協力関係を解消せざるを得ない。あなたはあなたで勝手にやればよい」などと相手に伝えて抗議することができたのである。かくして不満を感じた側は、しかるべき行動を取らないパートナーに、協力関係が解消される前に自発的に態度を改めるためのやり直しの機会《セカンドチャンス》を与えるようになった。

チンパンジーは、集団によるサル狩りでパートナー選択を行なわない。たまたま近くにいた個体と一緒に狩りを始めるのだ。またパートナーのコントロールも行なわない。集団での狩りの最中であれ、他のいかなる状況のもとであれ、パートナーの勝手な行動に抗議しようとはしないのだ。それとは対照的に人間の三歳児は、共同コミットメントを行なって協働する際、自分の役割を全力で果たそうとしないパートナーに抗議する（その役割で取るべき行動をパートナーが知らない場合には抗議しない）[20]。また人間の子どもは、共同コミットメントしたパートナーが理由も述べず謝りもせずにさっさと協働から抜けると、それに対して抗議する[21]。チンパンジーは協働が終わったときに、それに参加せずに分け前を得ようとするフリーライダーを罰しもしなければ排除もしない[22]。それに対し幼い人間の子どもは、フリーライダーにも[23]、余分に分け前をせしめようとするパートナーにも[24]盛んに抗議する。したがって進化生物学に基づく仮説は、「初期人類は、抗議の意を伝えることで協働パートナーのコントロールを試みていた」というものになる。

この行動を適切に解釈するうえで重要なのは、人間の子ども、したがっておそらく初期人類が、しなければならない、する義務がある、すべきなどといった規範的な言葉で抗議の意を表明することである。「あなたはこれをすべきだ！」というわけだ。その種の規範的な抗議は、規範違反者の行動を、より協力的な方向へと変えることが多い。したがってこのプロセスは、一種の協力的な自己調節として見ることができよう。重要な点を指摘しておくと、抗議は一方のパートナーから発せられるとはいえ、両パートナーとも、「主格のわれわれ」〔以下、引用符で括られた"I" "me" "we" "us"はそれぞれ「主格の私」「目的格の私」「主格のわれわれ」「目的格のわれわれ」と訳す〕が発したものとしてとらえる。抗議は単なる「私はあなたのその行動が気に入らない」という主張なのではなく、「人はそんなことをするべきではなく、こうする義務がある」という主張なのである。このように、規範的な立場は個人的な好みの問題なのではなく、「〈主格のわれわれ〉は協力してものごとを進めていく」という当初の共同コミットメントに立ち返ろうとすることなのだ。共同コミットメントへの各参加者は最初から、悪行を犯した規範違反者を批難する資格をパートナーに付与する。つまり規範に違反すれば、その人は非協力的な態度を取ったことで自分が譴責に値することを認めざるを得なくなるのだ（それに対する抗議の正当性に関して最初から同意が得られているためである）。このように不適切な行動に対する規範的な抗議は共有された規範的基準に基づいており、各パートナーはそれを用いて、「特定の行動は共同的行為主体にとって有害であり、そのような行動を取ったパートナーには、適切な方法で対応する義務がある」という、共有された判断を規範違反者に示すことができる。したがって規範的な抗議には、一方のパートナーが他方のパートナーをコントロールすることではなく、共同的行為主体がそれ自体をコントロー

ル し自己調節することが必然的にともなうのだ。

幼い人間の子どもや、おそらく初期人類は、それらのすべてに敏感なので人類独自の「先を見越した行動」を取る。ほぼ確実に人間に限定される行動の例をあげよう。何らかの理由で協働から離脱する必要が生じた場合、そのパートナーは、「いとまごい」をしたり、言い訳をしたり、あるいは許可を取ろうとしたりして、理由も言わずにただ単に離脱することは許されないと認識していることを明確に示す。[25] 共同コミットメントという形態での当初の同意は、共有された期待に応える責任があると各パートナーに感じさせる。共有された期待とは、「主格のわれわれ」を体現する各個人は、「自分たちの」基準に沿った行動を取らねばならないというものだ。一方のパートナーがそれに従って行動しなかった場合には、そのパートナーは相手に謝罪しなければならないが、それで済まなければ罪悪を感じつつ損害を修復する破目になるだろう。[26] 私が得た証拠に基づくと、[27] 概して言えば、共同コミットメントによって、幼い子どもは協働のパートナーに対して責任を感じるようになる。そしてこの規範的な責任の感覚は、いわば「接着剤」として作用し、たとえ協働から離脱したいという誘惑に駆られるメンバーが現れたとしても、共同的行為主体を無傷のまま保つ。

このように初期人類は、共同目標を達成するためだけでなく、協働を自己調節するためにも個人間で協力し合う。「主格のわれわれ」という共同的行為主体の内部で行動する各パートナーは、共同の利益を得るために共同目標を追求するべく協力し合わねばならない。さもなければ、共同的行為主体の「主格のわれわれ」——その正当な代理が両パートナーである——は、協働から逸脱した行動を取る個人の態度を矯正しようとするだろう。協働という文脈のもとでは、「主格のわれわれ」がつねに最終的な発言権を持つ。その結果生じるのは「主格のわれわれ＞目的格の私」という一種の社会道徳的な自己調節であり、それによって各パートナーは、共同的行為主体としての自己の役割を担う責任を内面化し、共通基盤となる規範的標準を遵守しつつ行動する——つまり、共同的行為主体性を用いて個々の行動を自己調節する。

協力的合理性とその経験的ニッチ

かくして初期人類は、進化史上初めて、合理的に思考するパートナー同士がまとまって共同的行為主体を形成し、一緒に共同目標を追求するようになったのだ。初期人類の協働は、共同目標と共同注意から成る「共有されたレベル」と、個人の役割と視点から成る「個人のレベル」という二つのレベルで構成されていた。それらは、行為主体の二つのモードと見なすことができる。図6・2は、共同的行為主体のモード（中段の枠内）を示している。この部分は、大型類人猿が持つ行為主体の三つの機能層——操作層、実行層、反省層——に対応するが、「共同目標」「共同注意」「共同決定」「共同行動」など、各コンポーネントの名称の直前に「共同」が加えられている。下段には協働において個人的な役割を遂行する各パートナーの役割行為主体が記されている。

る。「役割行為主体」――その内部の働きは図では省略されている――は、共同的行為主体「主格のわれわれ」の共同計画と共同決定によって措定された目標を持つ。そのため、各パートナーが自己の役割を遂行する際に抱く個人的な計画や意図は、協働に関する共同計画や共同意図に合わせられる。[28] しかしここでは、別のモードの行為主体も作用している。それは、そもそも共同コミットメントを行なって協働するか否かを決定する、個別の合理的行為主体（図の最上段の部分に該当し、その内部の働きは省略されている）である。この合理的行為主体は、（許可があろうがなかろうが）協働から離脱する決定をいつでも下せるよう、個人的な利害に照らして随時状況を評価する。もちろん、ここに関与するのは一人の個人だけだ。しかしその個人は、自己の利益を追求する個人「主格の私」として、またパートナーと共同目標を追求する共同的行為主体「主格のわれわれ」として、さらには共同的行為主体によって行動が導かれる役割行為主体「目的格の私」として同時に行動している。このように初期人類は、協力的合理性とも呼べるものに従って活動していた――協調関係に基づいて構造化された行為主体という文脈に照らして合理的な行動を取っていた。そしてそれには、明確に区別されはするものの相関する行為主体の三つのモードの操作と、各モードのあいだの連携を同時に調整することが必要とされたのである。

初期人類の持つ協力的合理性は、認知的にも社会的にもまったく新たな心理を生み出した。認知的な側面に関して言えば、初期人類は、協力的コミュニケーションなどを介して、協働のパートナーと心的に連携するために、特定の視点から世界を認知的に表象する仕組みを進化させた。

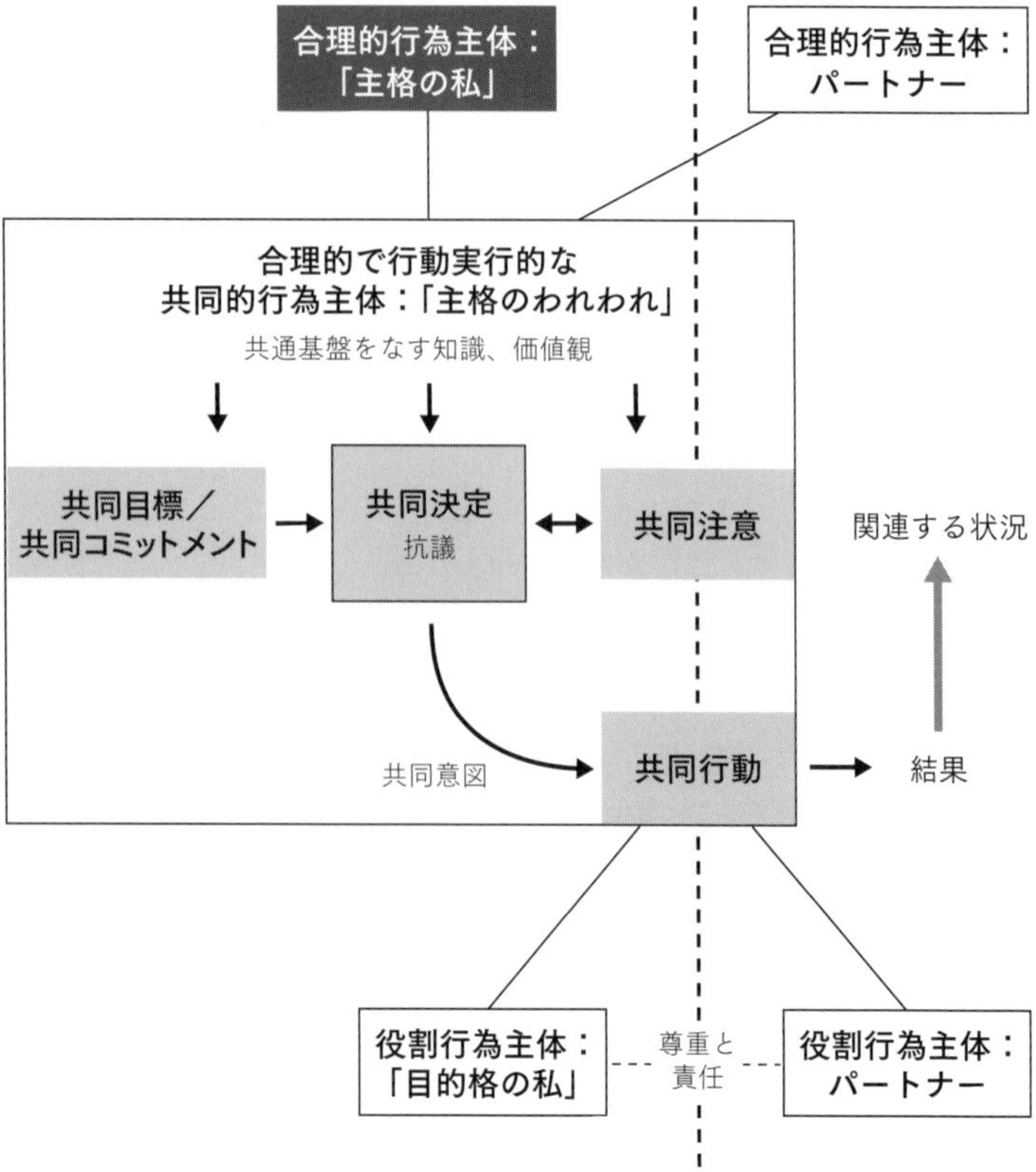

図6.2
協働する合理的行為主体としての共同的行為主体。共同的行為主体は三つの異なる行為主体のモードによって構成され、それぞれ合理的行為主体である「主格の私」、共同的行為主体である「主格のわれわれ」、役割行為主体である「目的格の私」によって示されている。この図はごく単純化されたものであり、詳細は本文を参照されたい。

まったく同じ物体やできごとが、本人が取る視点に応じて異なって解釈される可能性が生じたのだ。たとえば地面に刺さったこの棒は、（武器が必要なら）レイヨウ狩りに使える槍として見られるかもしれないし、（自分の存在を知られたくなければ）踏めば音を立てる物体として見られるかもしれない。どう見られるかは、何が当面の状況に関連するかを決定づける共通理解によって変わる。協力的コミュニケーションにおける心的な連携プロセスでは、自己の視点のなかに他者の視点を入れ子状に組み込む必要があるので——彼は、武器候補としてあの棒に私が注意を向けることを意図しているなど——、初期人類は特定の視点と入れ子構造の両方を用いて、世界を認知的に表象するようになったのである。[29] 大型類人猿が、入れ子構造をなす視点から世界に関するさまざまな表象を形成する能力を進化させなかったのは、共同的行為主体を形成して心的に連携し合う能力を進化させなかったからである。

社会的な側面に関して言えば、以上のようなあり方で他者と協力し合うためには、新たな社会道徳的な態度や情動が必要だった。[30] 第一に、協働の各パートナーは互いの地位が等しいと見なすがゆえに、相手を尊重する。そのことは、協働参加者がパートナーを公正に扱い、自分が非協力的な行動を取った場合、その行動を正当に非難する資格をパートナーに付与するという事実によって裏づけられる。第二に、一方のパートナーが他方のパートナーを公正に扱わなければ、後者は対等に扱われなかったことに憤慨し、規範的な観点から抗議する。第三に、その結果両パートナーは、両者ともに最初に交わした共同コミットメントに基づく規定に従って扱われるに値するということを前提にして、協力的に相手を扱う責任があると感じる。最後に、ある時点で協働のパートナーが利己的な動機に屈した場合、その人は相手にその理由を述べるか、謝罪するかしなければならない。さもなければ罪悪感を覚える結果になる。というのも、本段落中の傍点が付された部分は、多かれ少なかれ共有された規範の基準によって変わる。というのも、「主格のわれわれ」は、共有された規範の基準をもとに、同等のパートナーとして「あなた」と「私」の行動を評価し自己調節するからである。大型類人猿や他の哺乳類がその種の規範的な態度や情動を進化させなかった理由は――それらの動物が、自分が犯した悪行について理由を述べたり、謝罪したりすることがないのは言うまでもない――、繰り返すと、規範的に自己調節する能力を持つ共同的行為主体として、他個体と協力し合うような方向に進化してこなかったからだ。

ここで、とりあえず次の点を指摘しておきたい。人間の社会関係は、共有された経験や共通基盤に、非常に大きく、しかも大型類人猿には見られないような形態で依存している。したがって初期人類は、多くの経験を共有する人に対して親近感を抱いたはずだ――親友とは、もっとも多くのことを共有している人のことである。ここで言う「共有」とは、協働に典型的に見られるような、共同注意と共通基盤を通して得られた経験を意味する。明らかにそのような経験の共有は再帰的な入れ子構造をなしている。つまり各パートナーは、相手も自分と経験を共有していることを知っており、また自分がそれを知っていることを相手も知っていることも知っているのだ。この構造のもとでは、すべてが互恵的になる。したがって、人間の一般的な社会関係は、――親密さに比例して、友人に対する責務が生じるという規範的な側面を含め――協力的な社会関係を築こうとする人間の本性に由来すると見ることができよう（それに関して幼い子どもを対象に行なわれた実験はウルフと私の研究を参照されたい[31]）。

すでに何度か論じたように、新たな行為主体的組織は、各個体に新たな経験的ニッチを与える。爬虫類は障害や好機になる状況を経験するようになり、哺乳類は自己の操作層を意識的に経験するようになった。また大型類人猿は、自己の行動実行に関する意思決定や認知制御を、反省層から経験するようになった。反省層は、類人猿が物理的世界や社会的世界における因果関係や意図的関係を理解するための基盤である。さらに初期人類は、社会的／協力的な経験的ニッチのもとで暮らすようになった。なおこのニッチは、協働、共同注意、共通基盤によって生み出され、パートナー間の敬意や責任感によって動機づけられた共有された世界と、入れ子構造をなす再帰的な視点をもとに構造化されている。つまり、相互に敬意や責任感を抱く協力的な行為主体のあいだで、入れ子構造をなす視点を介して経験される共有された世界、これこそが初期人類が生きていた新たな経験的ニッチなのである。

文化集団における現生人類の集合的行為主体性

初期人類はペアを組んで協働していたが、緩く構造化された大きめの社会集団を形成して暮らしていた。数十万年間は、それでもうまく機能した。しかし一五万年前頃から、おもに人口に関する理由で、それではうまく機能しなくなり始めた。問題は、そのような社会集団が大きな成功を収めたために人口が増え続け、他の社会集団と遭遇する機会が急増して、領土や資源をめぐって対立する可能性が高まったことにある。この時期が終わる頃には、明らかに独自の知識と文化的実践を必要とする、一連の独自の人工物を用いることで、他の集団から――近隣の集団からさえも――はっきりと区別する文化集団が出現し始めた。

現生人類の個人が生き残り繁栄するためには、集団内に留まる必要があった。また他集団から脅威を受けたときには、結束する必要があった。結束に必要とされる新たな心理メカニズムは類人猿には見られないもので、初期人類から現生人類に受け継がれた共同的な意図と行為主体性に基づくスキルと動機から構成されていた。現生人類はそれらのスキルと動機の適用範囲を、狩猟採集時に組むペアから社会集団全体へと拡大し、集合的意図という新たなスキルを獲得した。こうして現生人類の集団による社会生活は次第に、近隣の諸集団と競争しながら自集団を繁栄させるという集合的な目標を持つ、一つの大規模な協働と化していったのだ。そのような集団レベルでの生活を示す重要な実例の一つとして、現生人類の誕生とともに、中心点採食と呼ばれる新たな形態の集団的な狩猟採集が生じたことがあげられる。つまり大型獣などの大きな食物の獲得に成功した小人数のグループは、それを野営地（中心点）に持ち帰って社会集団全体で分け合うようになり、また一般に、社会集団は信用と忠誠の精神《エトス》（核家族のそれにも似ている）を社会全体で共有するようになったのである。

集団が成長するにつれ、断片化が進行し始める（おそらく人間は、一五〇人程度、つまりダンバー数の構成員から成る集団でしか、個人的なレベルで効率的に協力し合えないからだろう）。そのため、いわゆる部族社会や部族文化が生まれた。そしてこれらの文化は、より大きな文化的実体の感覚を維持する、別個の暮らしを営む複数の社会集団（バンド）によって構成されていた。彼らは、協働のスキルや忠誠心をより規模の大きな文化集団へと拡大しないと、他集団との競争に負けるリスクを負うことになった。サミュエル・ボウルズとハーバート・ギンタスは歴史的証拠を示して、現生人類の集団間の競争がおもな要因となって、内集団〔自分が属する集団〕における協力の度合いがさらに高まったと論じている[32]。またピーター・ターチンは、強い結束力、団結力、コミットメントによって構造化された集団が、そうでない集団より集団間の競争において有利になりやすいことを示す、いくつかの証拠をあげている[33]。このように、初期人類の緩く結びついた小集団を、集合的行為主体をなす現生人類の文化集団へと後押しした生態的問題は、集団間の競争だったのである。このプロセスは非常に強力だったため、文化集団が自然選択の一つの単位になるほどだった。ロバート・ボイドとピーター・リチャーソンの主張によれば、集団の個々のメンバーによる忠誠と遵守によって支えられた「強い」慣習、規範、制度を持つ文化は、自然選択の単位として生き残り存続しやすいのに対し、集団の個々のメンバーによる忠誠と遵守によって支えられていない「弱い」慣習、規範、制度を持つ文化は、断片化し、やがて消え去る運命にある。[34]

現生人類の子どもが文化集団の一員としてスキルと動機を獲得していくプロセスには、子どもが成長する過程で保護される期間が大幅に長くなったことが関与している。幼いチンパンジーが四歳頃に乳離れを果たした直後に、成獣に頼らずに食物を確保し始めるのに対し、現生人類の子どもは今も昔も、さらに一〇年が経過し青年期に入っても、両親や他のおとなに依存しなければ食物を調達できない。この引き延ばされた依存期間において、子どもは集団のしきたりや、それにいかに従えばよいのかを学ぶ――実のところ、おとなたちによってそうすることを期待される。現生人類の非常にゆっくりとした発達は、類人猿と比べて脳の発達が非常に遅いことに示されている(おそらく初期人類にも同じことが当てはまるだろう)。[35] チンパンジーの脳が、すでに二歳の頃に成獣の九〇パーセントの大きさに達するのに対し、現生人類の脳は、八歳になるまでおとなの九〇パーセントの大きさに達しない。[36] だが現生人類の脳は、最終的に大型類人猿の脳の三倍の大きさになる。そして前頭前皮質(実行機能の首座をなす)が拡大し、島《とう》皮質(社会的情動の首座をなす)が発達する。また脳全体が、より複雑な樹枝状組織を持つ独自のタイプのニューロンによって構造化される。[37] ゴンザレス゠フォレロとガードナーの発見はこの分析に合致し、現生人類に特徴的に見られるその期間の脳の発達の大部分が、協働や文化的な学習への適応に関連することを示している。[38]

集合的な目標の形成

かくして現生人類の文化集団は、一つの実体として目標を追求し意思決定を下す集合的行為主体になったのだ。集合的な目標は、集団移動の目的地、野営地の場所、集団による防御の準備、資源の分配、分業（たとえば集団での子育て）といった事項に関係する。その種の事項に関する集団的な決定は、議論し総意《コンセンサス》を得ることで下される。人によって声の大きさは異なりうるが、直接的なやり取りが主体になるほぼすべての小集団においては、大勢が一方に傾くと、たいてい残りもそれに従う。そして特定の誰かが過度の権力を握って自分の意思を押しつけようとすると、集団の残りのメンバーによって脇に追いやられるか、さらに悪い事態が起こるだろう(39)。

ものごとを集団で進めていくこの新しいやり方は、個人の心理に二つの大きな変化をもたらした。第一に、個人は自己の生存に関してほぼ完全に集団に依存するようになったため、集団の安寧によりいっそう関心を抱き、さまざまな方法で忠誠心を示すようになった。そして、その関心が外集団〔自分の属さない集団〕に対する不信とも結びついて、内集団と外集団を区別する心理が生まれた。外集団に対する不信と内集団びいきを併せ持つことは、社会心理学全体のなかでももっともよく報告されている現象の一つであり、発達過程にある子どもにもすでに認められる。かくして子どもは、外集団に属する他者よりも内集団に属する他者を助けようとする。また内集団の他者とより多くを分け合おうとし、外集団より内集団における自己の評判を気にかける。さ

図6.3　およそ10万年前の現生人類の想像図。

らに言えば、幼い子どもは自集団に対して忠誠心を示す（そして外集団に対して不信を抱く）内集団の仲間を選り好みする。集団間の競争が集団内の協調を促すという進化生物学的仮説を直接的に検証する実験で、幼い子どもの集団は、外集団と競い合っているときに、集団内の協調がより強まることが示されている(40)。

第二に、集団のメンバーは内集団に属する他のメンバーを認識できなければならないので、またそれと同様に重要なこととして、自分が内集団の一員であることを他のメンバーに認めてもらわなければならないので、集団同一性《アイデンティティ》を示す方法として、内集団のメンバー同士が互いに相手の振る舞いに合わせるようになった（それは同じ文化集団に属している、他の小規模社会集団《バンド》の知り合いではないメンバーでも同様だった〔以下そのような人々を「内集団のよそ者」と訳す〕）。集団内の誰もが内集団の他者に合わせる傾向を持っていれば、私のように話し、私と同じような服装をし、私と同じようなものを食べている人は、たとえ初めて会う人でも、私が属する文化集団の一員である可能性が高い。なお内集団への同調は内集団びいきとともに、社会心理学全体のなかでももっともよく報告されている現象の一つである。かくして幼い子どもは、内集団の仲間が明らかに間違いとわかる判断を下したときでも、とりわけその仲間が自分を見ている場合には、その判断に同調し追随することが多い(41)。さらに言えば、ある問題を自分でいったん解決したあとでさえ、内集団の仲間がその問題を別の方法で解決すると、やり方を切り替えて大勢に従うことが多い（それに対してチンパンジーは、過去に自分が試して成功したことのある方法に固執する）(42)。

しかもやや年長の子どもになると、過剰模倣と呼ばれる行動――その行動の、因果的に無関係な側面までも模倣すること――に走りがちになり、おとながすることなら何でも、「主格のわれわれ」が遵守すべき行動規範の表現としてとらえようとする。[43] このように現生人類においては、個人は――集団の一員であることを示す「コストのかかる信号」として機能する、恣意的な慣習や宗教的儀式も含め――集団のやり方に能動的に合わせて、集団アイデンティティを積極的に示すようになったのである。

個人の行動に対する集団アイデンティティの力は、幼い子どもを対象とした最小条件集団実験と呼ばれる実験に顕著に見出すことができる（おとなを対象とした実験にも見出せる）。この実験では、就学前の子どもたちが、「緑グループ」の一員だと言われた（そして緑色のスカーフを与えられて身につけた）だけで、すぐに他の色のグループの子どもたちより、緑グループの他のメンバーと協力し合う――助け合い、共有し合い、信用し合う――ようになった。[44] 外観の共通性だけに基づいて任意の他者に連帯感を覚えるというのは、そこに何らかの進化的な基盤が存在すると考えない限り、まず理解不可能であろう。そのような現生人類が持つ外観に基づく連帯感は、他者との連帯感には類似性と（初期人類から受け継いだ）協調性という二つの基盤があることを意味する。ダニエル・ハウンとハリエット・オーバーは類似性に基づく連帯感の重要性に基づいて、同類性《ホモフィリー》――自分に似ている他者を選り好みし、そのような人と絆を結び、連帯しようとする傾向――を人類文化の心理基盤と見なす説を提起している。[45]

このように、現生人類の個人が持つ集合的行為主体性は、文化的な目標や安寧に対する集団指向的な関心や、集団の行動様式に合わせようとする傾向が進化することで生じた。非協力的な個人は集団の利益から排除され、それによって一種の集団レベルでの社会的選択が作用したのである。ブライアン・ヘアらは、その作用を自己家畜化と呼んでいる[46]。というのも、それによって集団内において寛容で協力的な個人が社会的に選択されるようになったからだ。こうして、集合的な目標を追求する集合的行為主体が誕生したのである。

社会的役割の連携

文化集団内で協働する現生人類の各個人の観点からすると、内集団のよそ者との連携が問題になった。文化集団が大規模化して、(共同的行為主体たる初期人類が実践していたように)個人が自集団に属する他のすべてのメンバーと知り合って、個人間の私的な共通基盤を確立するなどということができなくなると、協働やコミュニケーションを円滑に進められなくなったのだ。この問題を解決する方法は、文化集団内で文化的な共通基盤に基づく、つまり個人間の私的な経験ではなく、集団の一員であるという想定を基盤とする経験の共通性に基づく、新たなタイプの共有経験を生むことだった。その種の文化的な共通基盤は、文化内における共通の経験によって、協働したい各個人が共同で依拠することのできる共通のスキルや実践様式が確立される（つまり共通性は集団アイデンティティのみならず、協働にも役立つ）ことを前提とする。

最初、各個人は単に他者を観察したり他者から文化を学んだりすることで、集団の慣習的な文化的実践に参加するようになるだろう。一例をあげよう。現生人類の子どもは、網漁を実践している達人たちを観察することで、網漁に必要なさまざまな役割を担う達人たちのやり方に従って、網漁を実践するようになるだろう。というのも、すでに見たように子どもは内集団の他者に合わせようとする強い傾向を持つからである。しかしさらに、その子どもが内集団のよそ者と網漁をしたかったとしたらどうだろう。彼らは網漁のやり方を知っているだろうか？　その場合、現生人類が指針とするのは、全員が——言葉、服装などによって特定される——同じ文化集団内で育ったのだから、網漁のやり方くらい知っているはずだと想定することである。トーマス・シェリングは、文化的な共通基盤を含めたいかなる種類の共通基盤も、「内集団のよそ者が慣習的なやり方に従うことを個人の私が期待し、かつ私がそれに従うことを彼らが期待し、かつ彼らが従うことを私が期待していることを彼らが期待している」などといった、入れ子構造をなす一種の再帰的な読心術を必要とすると述べている。[47] 誰もが同じやり方に従うはずだという相互の期待があってこそ、内集団のよそ者同士が連れ立って川に出かけ、ただちに網漁を円滑に始められる。

現代の欧米の子どもたちを対象に行なわれた実験が示すところでは、内集団の見知らぬおとなが奇妙な人形とサンタクロースの人形が置かれているほうを見て「あの人形知っているよ。取ってくれない？」と言うと、幼い子どもはサンタクロースの人形を取って渡す。このように、それまで一度も会ったことがない内集団の見知らぬ人とやり取りしているにもかかわらず、幼い子どもは、その人がサンタクロースはよく知っていても、奇妙な人形は知らないはずだと想定するのである。[48] 内集団のよそ者と連携して共同的行為主体を形成するためには、自集団の集合的行為主体性から生じる一種の集団指向的な認知能力、つまり文化的な共通基盤に基づく相互の期待が必要とされる。

もちろん、いかなるタイプのパートナーとの連携も、協力的コミュニケーションによって促進される。いつものパートナーと、互いによく知っている協働をしながらコミュニケーションを図る際には、非常に単純な手段、たとえば初期人類に見られるような、指差しやパントマイムなどの、ごく自然な身振りでも事足りる。しかし現生人類は、文化集団という、内集団のよそ者を包摂する、より広範な文脈のもとでコミュニケーションを行なう必要があり、この事実は新たな難題をもたらした。この難題は基本的に連携の問題であり——対話者は互いの注意を連携させ、それを共通の指示対象へと向ける必要がある——、よってその解決方法は、現生人類が直面する他のあらゆる連携の課題と同様、自然なコミュニケーション活動を慣習化させ、誰もが知っていることを誰もが知る一連の慣習的な文化的実践にすることだった。[49] 自然な身振りを用いたコミュニケーションでは、必要とされる共通基盤は外界の状況と、外界の状況がいかに協働に関連するかのみであるのに対し、慣習的なコミュニケーションでは、コミュニケーションに関する慣習それ自体が、文化的な共通基盤にならねばならない。両パートナーとも、特定の慣習的な言葉を用いる際には、自文化集団に属する誰もが的確に注意を連携させるはずだということを、自分も相手も知っていると見なすのである(たとえば、私が「私の槍」と言えば、二人とも私の槍に注意を向けるだろうなどといった具合に)。このように慣習的な言葉のおかげで、共通の目標に向けて、内集団のよそ者を含めた個々人の役割を連携させ、より複雑で射程の長い計画を立案したり意思決定をしたりすることが容易になった。それに加え、慣習的な言葉は教育にも用いられ、おとなはそれを用いて、子どもにとって有用な、文化的な規範に関する知識に基づく事実やスキルを子どもたちに教えるようになったのである(50)。

初期人類の共同的行為主体が個人の役割を担ったのと同じように、(集団の集合的行為主体の内部に存在する)現生人類の共同的行為主体も個人の役割を担った。違いは、現生人類においては誰もがそれぞれの役割の遂行方法を(文化的な共通基盤に依拠して)知っているということを、誰もが知っている点にある。しかしながら、人類の文化が発展していくにつれ、社会レベルの役割が生じ始める。かくして現生人類の文化集団は、大型獣を狩る一団、資源を集める一団、病人や負傷者の面倒を見る専門家、さまざまなツールを製作する専門家、集団のリーダーなどといった具合に、役割ごとに分化した下位集団を形成するようになったと考えられる。その種の社会的な役割を担う人々は、特定の仕事を行なう特権を持つが、集団に対して特定の責任も負う。そのような分業の発達にともない、文化集団はますます単一の「超個体《スーパーオーガニズム》」のようなもの、つまり誰もが自分の仕事を遂行する限りにおいて各メンバーが生き残り繁栄することのできる、本格的な集合的行為主体になっていったのだ。

社会規範を介しての集合的な自己調節

社会科学全体におけるもっとも堅実な発見の一つに、集団が大きくなればなるほどそれだけ連携が困難になるというものがある。その理由はあまたあるが、もっとも重要な理由は、各個人の貢献率が低下すること（私の貢献はさほど重要でないのだから、わざわざ貢献するまでもない）と、欺瞞やただ乗り《フリーライディング》が検知される可能性が低下すること（個人の匿名性が上がり、怠けても罰せられにくくなる）だ。それゆえ、文化集団が大規模化するにつれ、個人が持つ、集団を指向する動機と自己利益を求める動機が対立し合い、種々の社会的な難題《ジレンマ》が生じる。つまり、集団に属する誰もが利益を得られる集合財――水や薪などの共有資源――があると、各個人が「手に入るものはすべて確保しておこう。他の人たちもそうするだろうから」と考えるようになって「共有《コモン》地《ズ》の悲劇」が引き起こされ、その結果集合財が枯渇してしまうのだ。よって個人の行動は、集団によって――つまり「主格のわれわれ＞目的格の私」という集団レベルの序列に従って――自己調節されねばならない。さもなければ、全員が困窮する結果になるだろう。

初期人類は共同コミットメントを行ない、また、共同的行為主体のために（抗議を通じて）相手の違反行為を糾弾する資格を各メンバーに付与することで、自己調節を行なうようになった。

かくして、特定の文化集団に属する集合的行為主体は、文化的な共通基盤の一部としてあらゆる種類の文化的な慣習や役割を担うようになった。そしてそこに個人の行動に対する集合的な期待（社会規範とも呼ばれる）が生じ、それが自己調節メカニズムとして機能したのだ。現生人類の文化集団には今も昔も社会規範があり、少なくとも、資源の分配や生殖相手の確保などをめぐって、集団を毀損する対立を生みかねない活動を自己調節する際に適用されてきた。[51] 重要な指摘をしておくと、社会規範に依拠して調節を行なう「主格のわれわれ」は、全体としての文化的行為主体である。文化集団に属する誰もが、他の誰もがその文化の慣習や規範を遵守することを期待する（また各個人が、自分も従うことを誰もが期待することを期待する）のである。社会規範とは集団のやり方の遵守に関するものであり、集団が円滑に機能するためには、誰もが、規範に従うことと、集団の利益のために規範の違反者を糾弾することの両方に献身《コミット》しなければならない。

個人が文化的な規範に従うべき理由は明白だが――それは集団に受け入れられ制裁を避けるためだ――それを他者に強要すべき理由はそれほど明確ではない。そもそも規範の違反者が抵抗すれば、制裁はリスクと化す。それでも三歳児でさえ、あたり前のように社会規範に従うことを他者に強要する。たとえば子どもは、他人のおもちゃを壊してはならない、あるいは決められたやり方で遊ぶべきだと、他の子どもに注意する。[52] その際重要なことは、規範違反者が（その子の言うことから）内集団の一員だとわかった場合、より高い基準を課すことだ。規範違反者は、自集団の文化的な共通基盤に参加しているのだから、身の振り方をわきまえておくべきだ、ということなのだろう。[53] 三歳以上の子どもが——したがっておそらく初期の現生人類も——社会規範に従うよう他者に強要する理由は、集団が自らを調節する手段として社会規範が暗黙的に了解されているからだ。子どもは集団の運命に関心を抱く内集団の一員として、規範に反する行動によって集団の円滑な機能に脅威を与えている内集団のメンバーを糾弾する。規範の強要とは、集合的に理解されている規範を個人の行動に強制することで集団の安寧に配慮する営為なのである。こうして、集団レベルにおける集合的な形態で、全行為主体を対象にする、「主格のわれわれ＞目的格の私」に基づく基本的な自己調節メカニズムが新たに形成されるのだ。

　興味深くも、就学間近の幼い子どもは、遊んでいるときに自己流の社会規範を作り出し、他の子どもに課すことがよくある。[54] この事実は、就学年齢の子ども（したがって初期の現生人類）にとって、社会規範の強制力がいかなるタイプの権威にも由来せず、まさにその社会規範を生み出した社会的な同意に由来することを示唆する。このように幼い子どもでさえ、社会規範とは集団が作り出した集団レベルのコミットメントであり、「主格のわれわれ」が「目的格のわれわれ」を自己調節するために用いていることを理解しているのだ。また社会規範は「主格のわれわれ」が作り出したものなので、自分たちの行動を自己調節するための正当なメカニズムと見なされる。かくして「主格のわれわれ＞目的格の私」に基づく集団レベルでの自己調節プロセスの内面化によって、集団に属する各個人は、パートナーに対する責任のみならず、文化集団やその規範的基準の遵守への義務を感じ、それに違反したときには罪悪感さえ覚えるのだ。つまり「主格のわれわれ」は、私自身を含め全員を集合的に自己調節するのである。

規範的合理性とその経験的ニッチ

パートナーに対する責任をともなう共同コミットメントが、共同的行為主体の動機面において「接着剤」の役割を果たしているのと同じように、文化集団やその社会規範に対する義務をともなう集合コミットメントは、集合的行為主体の動機面において「接着剤」の役割を果たす。かくして集合的な自己調節プロセスを内面化した現生人類は、合理的で協調的な行為主体になったばかりでなく、義務に基づく規範的合理性に基づいて活動する完全なる社会規範的行為主体になったのである。[55] このことも、現生人類が、自己の利益を追求する個人たる「主格の私」、集合的な実践や規範に基づいて活動する「主格のわれわれ」、そして文化集団が課す義務を果たす役割行為主体としての「目的格の私」という、行為主体の三つのモードを同時に作用させながら活動していることを示唆する（この形態の機能構造を図示すると、協力的な合理的行為主体としての初期人類を示した図6・2とほぼ同じものになるが、図6・2で「共同」とある箇所はすべて、「集合」に置き換えられる。つまりパートナーではなく集団に依存するものとなる。なお、ここに改めて図を描き直すことはしない）。

以上のストーリーのあらゆる段階で、この新たな形態の行為主体的組織は、現生人類に新たな経験的ニッチをもたらした。現生人類は大型類人猿の一種として、物理的世界や社会的世界を、その基盤となる因果的な力や意図的な力という観点から知覚し、理解していた。また初期人類の子孫として、多様な視点から、さらには個人を協働のパートナーに結びつける、責任などの新たな社会規範の視点から現実《リアリティー》を知覚し、理解していた。しかし十全に文化的な存在に進化すると、現生人類は事物に対する個人的な視点のみならず、いかなる個人の視点からも独立した客観的状況に照らして世界を知覚し、理解するようになった。そしてさらに、互いに対する責任という視点だけからではなく、集団の全メンバーによって同意された集合的な規範的基準を遵守する義務という視点から、集団の仲間を理解するようになったのだ。こうして現生人類は、客観的かつ規範的な世界に住まうようになったのである。

この客観的かつ規範的な世界を生み出した主たる認知的要因として、主観的な観点すなわち信念と、客観的な状況すなわちリアリティーを区別する能力の発達をあげることができる。大型類人猿は両者を区別しない。世界を現前するままとらえ、それに従って行動するのだ。仲間が何を知覚しているかを識別することはできるが、当面の状況に関する仲間の知覚を自己の知覚、ましてや客観的な状況と比較したりはしない（なぜなら大型類人猿は、複数の視点が同一の事象に対する比較可能な異なる見方でありうることを理解していないからだ）。それに対して現生人類の子どもは、四歳から五歳にかけて主観と客観を区別し始め、客観的な状況に合致することもあればしないこともある心的状態として、信念（誤った信念を含む）を完全に理解するようになる。

このプロセスは、類人猿がすでにしているような、単に他者の「心を読む」ことなのではなく、他者と心的に連携し合うことであり、それには同一のリアリティーに関するさまざまな視点や信念の比較が必要とされる。

このプロセスは、共有された行為主体を形成する能力と、個人の発達においてそれに参加する能力の両方が進化することによって可能になった。なぜなら、共有された行為主体は、共有された経験と、多様な観点の両者から構成されるからだ。実証研究では、子どもは、信念ならびに、客観的なリアリティーと信念の関係を理解するようになって初めて、協力的コミュニケーションを行なうようになり、共同注意の対象となる事象に向けられたパートナーの視点と心的に連携し始める。さらにそれは、慣習的な言語を用いた、視点を切り替えながらの会話へと発展していく[56]。

したがって私の仮説は、「初期の現生人類は、二階層から成る実行機能の働きを反映して、慣習的な言語によってさまざまな視点を表現し交換し合うようになると、個人の主観的な信念と客観的なリアリティーを独力で区別するようになった」というものになる。個人におけるこの能力の発達は、一種の「表象による再記述」ととらえればよいだろう[57]。「表象による再記述」においては、個人は反省層に依拠しつつ、同一の状況に関して無数の視点から見られた事実を、個別的な視点を捨象してただ一つの客観的な視点から見た何ものかへと転換し一般化するのである[58]。

その結果、現生人類は「特定の状況に関する行為主体の見方は、それが客観的な状況に合致しているか否かによって、正しかったり間違っていたりすることもある」ということを理解するようになったのだ。そして、それを念頭に置いて子どもを教えるようになった。ナチュラル・ペダゴジー〔自然の教授法〕では、教えるおとなと教わる子どもの双方が、ものごとに対して客観的な立場をとる。[59] つまり教師は、ものごとに関する個人的な見解を教えるのではなく、文化的な知識として尊重されているものとして客観的な事実を伝え、子どもは教師の教示を客観的な世界に関するものとして理解するのだ。同じことは社会規範にも当てはまる。つまり、おとなは個人的な嗜好ではなく、客観的に正しい行動のあり方を子どもに伝え、子どもはかくして伝えられた社会規範を客観的な世界に関するもの（よって客観的に妥当なもの）として理解する。[60] このように規範的合理性とは、集合的かつ文化的な経験に内在する「客観的な」事実や価値観に個人の行為主体性を適応させることを意味する。

したがって現生人類の行為主体は、客観的な事実と、客観的な道徳観によって構成される世界のもとで活動する。そして自然界のもっとも興味深い現象の一つとして、個人はこの客観性を社会制度へと拡張し、ジョン・サールが社会的事実、あるいは制度的現実と呼ぶものを生み出す。[61] 社会的事実や制度的現実は、（結婚式という文化的な儀式の承認によって生み出される）夫や妻や両親とそれらの役割に付随する権利や責任、（集団の同意やときに儀式によって生み出される）リーダー、首長、まじない師とそれらの役割に付随する権利や責任などといった、リアルで強力な実体で構成される。また貝殻や紙片などの何の変哲もない物体を、貨幣や紙幣のような文化的力を持つ実体に変えることができる。つまり普通の人間やただの物体が、何らかの形態の同意を介して集団によって集合的に与えられた、義務的な力のみに基づく新たな地位を獲得するのである。さらにこの同意は客観化され、それゆえ外的なリアリティーの一部と化す。チンパンジー（や人間の乳児）はいくら賢くても、現生人類が築いた社会的、制度的な世界のもとで意味のある行動を取ることができない――義務的な能力を発揮して首長、両親、貨幣、紙幣の何たるかを認識することができない。なぜなら、普通の人間や単なる物体に対して、「同意」によって新たな規範的地位を付与する能力を持っていないからだ。ユヴァル・ハラリの想像力に訴える記述によれば、その結果として次のような事態が生じたのだ。

何世紀にもわたり、私たちは、（……）国家、神、貨幣や紙幣、企業などといった架空の実体から成るリアリティーを構築してきた。真に驚くべきことは、歴史が進展するにつれ、架空のリアリティーがますます強力になり、今日に至っては世界でもっとも強力な力を持っているのは、架空の実体だということである。今や、川、樹木、ライオン、ゾウの生存は、アメリカ合衆国、グーグル、世界銀行などといった架空の実体――私たちの（集合的な）想像の世界の内部にしか存在しない実体――の決定や願望の如何にかかっている。(62)

ここで言う「架空の」とは、「リアルではない」という意味ではない。なぜなら、それらの実体は、リアルそのものだからだ。それは単に、「人間の同意によって存在するようになった」ということを意味するにすぎない。

したがって、現生人類の子どもは、文化や教育や社会規範によって、客観的に「正しい」ことを信じ、そのような行動を取る方向へとつねに圧力を受けながら、文化的に構造化された経験的ニッチのもとで成長していく。客観的な認知表象や道徳観に基づいて活動するようになった人類は、それらの圧力によって、規範的な合理的行為主体へと変わり、正当な理由のために正しい方法でものごとを考え実行するようになっていった。かくして人類は、規範によって構造化された文化世界で仲間とともに活動する、きわめて有能な参加者になったのである。規範によって構造化された文化世界は、個人の発達成長を導く。しかもその程度は、「個人の合理的行為主体性が文化的、規範的な次元によって置き換えられた」と主張する文化人類学者がいるほど強力だ。個人が自己の利益を求めて利己的に振る舞おうと決めた場合でさえ、この決定は特定の文化的な文脈（たとえば個人主義的な文化）のもとで成熟した自己によって下される。というのも、特定の文化的な文脈によって、自己のアイデンティティや価値観、そしてそれゆえあらゆる意思決定が形作られるからだ[63]。

人間の行為主体性の複雑さ

人類独自の心理的能力のほとんどは、多かれ少なかれ、共同的行為主体もしくは集合的行為主体への参加を可能にした適応に由来する。それらの行為主体への参加を通じて、人類は次の二つの特殊なスキルを進化させたのである。（1）協働を行なう際に他者と心的に連携するスキル。このスキルによって、特定の視点から再帰的な、最終的には客観的な認知表象が形成されるようになった。（2）協働する際に他者と協力的な関係を結ぶスキル。それによって、いかなる行動が客観的に正しいか、もしくは間違っているかに関する規範的な価値観が形成された。かくして「客観的な」規範的基準に照らして自己の思考や行動を自己調節する個人、すなわち社会規範的行為主体が誕生したのだ。そしてこの社会規範的行為主体は、社会的な視点を備えた新たな形態の意識、つまり自己意識と呼べるものによって特徴づけられるだろう。

大型類人猿は、動機の葛藤を経験する。たとえば目の前の果実が欲しくてそれを手に入れたいのに、上位の個体がそばにいるのでその欲求を抑制しなければならないなどといった具合に。しかしこれは、あらゆる意図的、合理的な動物に特徴的に見られる、効用を最大化する基本的な意思決定にすぎない。それに対して人間は、さまざまな行為主体として実際に活動するのであって、各人が独自の目標を持ち、互いに対立する場合さえある。(64) 一例をあげよう。仲間と狩りをしているときに、私は小さな動物を仕留めたとする。その場合、飢えは私の合理的行為主体性にそれを食べるよう、またパートナーに対する献身の感覚は私の共同的行為主体性（とそれに埋め込まれた個人的な役割行為主体性）にパートナーを呼んで二人で獲物を分け合うよう、さらには文化集団が規定する社会規範に対する義務の感覚は私の社会規範的行為主体性（とそれに埋め込まれた社会的な役割行為主体性）に獲物を野営地に持ち帰って皆に分配するよう導く。これは、他の意図的行為主体や合理的行為主体が下す、ありきたりの意思決定とは異なる。というのも共同的行為主体や社会規範的行為主体は、おのおのの行為主体が個人的な自己調節、規範に基づく抗議による共同的な自己調節、文化集団が規定する社会規範による集合的な自己調節という、独自の自己調節メカニズムを備えているからである。またそれらは、三つの異なるフィードバック制御システムの作用を反映し、それらのおのおのが複数の階層から成る独自の組織を構成している。

哲学者のあいだでは、社会的に共有された行為主体についてどう考えるべきか——それはほんとうに行為主体なのか？——をめぐって、見解が二つに分かれている。それを行為主体と見なしてもまったく問題はないと考えている理論家もおり、事実、一部の生物学者は、アリのコロニーやミツバチの巣でさえ、単一の「超個体」と見なすことがもっとも正確だと考えている[65]。企業や政府のような人為的な制度から成る集合的行為主体に対しても同様な見解を持つ哲学者もいる[66]。あるいはサッチャリズムの精神を受け継いで、社会を何人かの個人のあいだでの相互作用と見なす理論家もいる。どの見方も、確かにある意味では正しいと言えよう。個人がパートナーと共同コミットメントを行なって協働に参加するにしろ、文化集団の目標や規範への集合コミットメントを行なって協働に参加するにしろ、それによって、前者の場合には共同的自己調節を、後者の場合には集合的自己調節をともなう、新たな目標追求のメカニズムが生み出されることに変わりはない。しかし協働に参加する個人は、個人としての合理的行為主体性を失うわけではない。いかに困難に、あるいは非生産的に思えたとしても、個人的な合理的行為主体は、いつでもどうにかして協働から抜けることができる。現生人類は第一に個人的な合理的行為主体なのであり、最大の効用を引き出せると、あるいは規範的に妥当だと見なせるときには、個人の行為主体性を各種の共有された行為主体性に従属させる。そして現生人類の個人は（つねではないにせよ）、そのような妥当性に関する判断の形成を支援する文化のもとで成長を遂げていくのである。

この見方を裏づける証拠は、人間が「取るべき最善の行動」をめぐって規範的な――つまり道徳的な――ジレンマに陥るという事実に見出すことができる。たとえばパートナーとの約束を守る（狩りが終わったら獲物を分け合う）ことは、自文化の社会規範（大型獣は野営地に持ち帰るべし）に反するかもしれない。あるいは、私が寛大に振る舞ってパートナーに獲物をまるまる渡したら、私の家族はどうなるのか？　このように、共有された行為主体に個人がひとたび参加すると、何を考え、何をすべきかを他の「声」がささやき始める。また大型類人猿が特定の獲物を追うか否かを決めるのとは異なり、人間にとっては最適解など存在しない。大型類人猿が、的確に行動しさえすれば最大の効用が得られる、ただ一つの費用便益計算を行なうのに対し、人間である私がパートナーに対して寛大に振る舞うか、あるいはパートナーとの約束を破るか、それとも自文化に対する自己の義務を無視するかなどといったことを判断する際には、ただ一つの正解など存在しない。だから人間は純然たる道徳的なジレンマを経験するのであり、単に意思決定を下す行為主体としてではなく、互いに異なる目標や価値観を持つ複数の行為主体が一個人の内部で対立し合う存在として、状況を概念化せざるを得ないのである。

　人間の社会規範的行為主体性に関する謎は解かれていない。一方では、他の生物と比べ人間は、より多くの選択肢とより大きな「自由意思」を持つように思える（生物学的な側面と心理的な側面を適切に分離して分析すれば、「自由意思はリアルなものである」と見なせるという議論は、リストの著作を参照されたい[67]）。とどのつまり、人間は自分自身が望めば自殺することができる。そのことは、個人的な行為主体の究極の表現であるように思える。他方では、個人とその合理的行為主体性は、他の動物と同様に生物学的に制限されているだけでなく、何をすべきかに関する、文化によって規定された規範的な価値や根拠によっても制限されている。自殺は、一定の価値観を持つ特定の文化のもとで育った個人によってのみ実行可能な選択肢であるように思われる。したがって人間の社会規範的行為主体性について考えるにあたっては、次のことを認識する必要がある。「人間は他者に囲まれて成長し、生きていくために協調的かつ文化的に関係し合わねばならない。そしてそれには個人を解き放つ役割と制約する役割の両方がともなう」ということを。個人に関して言えば、この根本的な対立を解決するための科学的な方法など存在しない。とはいえそのような認識は、非常に深遠な芸術《アート》や文学の多くを生み出すための素材やエネルギーになることもあれば、少なからぬ精神障害の要因になることもある。

第7章　行動組織としての行為主体

人間中心的な観察方法は、漸次背景に退き、それに代って動物自身の立脚点のみが決定的なものとならねばならない。

――ヤーコプ・フォン・ユクスキュル『動物の環境と内的世界』（前野佳彦訳、みすず書房）

本書の焦点は、生物の行動それ自体ではなく、いかに行動するかに置かれている。論点は複雑性――自然は多くの複雑な生得的行動を生み出す――ではなくコントロールにある。したがって私は、ある程度の柔軟性をもってなされる動物の行動にとりわけ関心がある（学習が関与するか否かは問わない）。私の主張は、「生物は、基盤となる心理がフィードバック制御システムの形態で行為主体的に組織化されている場合にのみ、自己の行動を柔軟に管理コントロールすることができる」というものになる。

そこで私は、生物の特化した認知様式と学習スキル（一般に動物の認知と呼ばれているもの）に関する研究を、行動に関する意思決定やそのコントロールのためにそれらがいかに組織化されているのか（動物の行為主体性と呼べるもの）に関する研究で補完したいと考えている。意思決定、プラニング、抑制、メタ認知などといった、本書で取り上げてきた動物の行為主体性のほぼすべては、比較心理学者によって研究されてきた。しかし彼らのアプローチは、それらのおのおのを、認知や行動に関する個別のスキルや領域として扱い、それぞれが独自のメカニズムや機能を持つと見なしてきた。それに対して本書の試みは、一個の全体的な存在として、生物個体をとらえることにある。この生物個体は独立した行為主体として活動し、特定の状況のもとに置かれたときに、行動や認知に関する特定のスキルをいかに動員するかをめぐって意思決定を下す。私はそのような意図のもとで、人類の誕生に至る進化の過程におけるいくつかの決定的な時点で生じた、行為主体的な意思決定や認知制御を備えた包括的な組織――それには複数のフィードバック制御システムから成る統合的な階層が関与している――に関する説明を試みてきた。こうして私の見方は、進化心理学を包含する、適度に包括的なものになったのである。

本最終章では、ここまでの議論をまとめるために、生物種を横断する行為主体組織に関する六つの論点を取り上げ、それについて考察を加えよう。それは、心理機能の主要な側面に関する私の理論的なモデルの要約にも、さらなる実験や理論化が必要とされる重要な論点の明確化にも役立つだろう。ここまでの説明と以下の要約によって、私の提起するモデルが、人類を含めたありとあらゆる動物種の行為主体的な心理組織に適用可能であることを、細部にわたり説得力をもって説明されていることを願うばかりである。

1　行動する行為主体の「背骨」はフィードバック制御組織である

動物の身体の基本設計のうちいくつかのみが、進化の過程で時の試練に耐えて残ったのと同じように、進化の過程で残った行動組織の基本設計はわずかしかない。およそ五億年前に起こったカンブリア爆発以後、ほとんどの動物の身体は、左右対称の形態で組織化されてきた。また脊椎動物には、それに加えて身体の中心に組織化された「背骨」という構造が生じた。私の考えでは、脊椎動物に特徴的な行動の柔軟性を与えている中心的構造——いわば背骨——は、フィードバック制御組織なのである。個々の行為主体はこのフィードバック制御組織のおかげで、自己の行動を管理コントロールしたり、場合によっては現在の目標や未来の目標に向けて行動計画を立て、特定の実行機能層（実行層）から行動実行を自己調節したりすることで、必要に応じて柔軟に行動し、さまざまな問題を解決することができるのだ。

それは、以下のことからはっきりわかる。周囲の環境によって課される予測不可能な問題に直面したときに、自律的かつ知的に、また柔軟に振る舞える機械を設計しようとすると、それに適用できるほぼ唯一の組織構造はフィードバック制御組織である。本書では、くだんの落ち葉掃除機の先見的なエンジニアリングの例を用いて、その点を明確にした。今日では、人工生命やロボット工学、さらには計算論や、行動や行為主体を扱う哲学におけるほぼすべてのモデルが、それと同じ基本構造を採用している。そこでは行為主体は目標や価値観を持ち、知覚を介してそれらに関連する状況に注意を向け、目標、価値、状況に照らしながら意思決定を下して行動し、自己の行動とその結果を観察して必要ならその都度調節する。目的に応じてそれらの構成要素の一部のみに焦点を絞ることも可能だが、行為主体の行動についてごく基本的な説明をするときでも、組織全体に言及する必要がある。

線形的に構造化された、刺激と反応に基づく組織は、柔軟な行為主体的行動を生むことができない。行動主義者が提起する、刺激と反応に依拠する組織の原型は、パブロフの反応に見出せる。しかしジョン・デューイが一八九六年に発表した著名な論文「心理学における反射弓の概念について」で述べているように、脊椎動物において反射が行動に占める割合はごくわずかであり、柔軟で知的な行動のモデルとして用いられた場合、強調されるのは知覚と行動というたった二つの構成要素に限られる。より大きな構造組織を構成する要素にはそれ以外にも、生物が追求する目標、さらには知覚によるフィードバックや行動実行中の自己調節など、さまざまなものがあるにもかかわらず。今日、行動主義者の理論体系を真剣にとらえる人はいないが、理論的な語彙や枠組みそれ自体が重要であることに変わりはない。今日でもよく見られるように、動物の行動を刺激と反応という言葉で特徴づけることは、より深い組織原理を覆い隠してしまう結果につながる。

2　行動する行為主体の進化を導いてきた、生態系が課す難題にはすべて、環境における何らかの形態の予測不可能性が関与している

環境が予測可能で、進化の機能が不可欠なものであれば、自然は生得的な形質を選好する可能性が高い。人間の行動に関して言えば、呼吸や嚥下などの反射作用を思い起こすことができよう。反射作用は、特殊なケースでは何らかの行為主体的なコントロールが関与することがありうるとしても、正常な状況のもとでは、複雑な行為主体的意思決定には依存しない。人間以外の生物種では、その種の生得的な行動のほうがはるかに多い。しかし環境内で将来起こりうる重大な不測の事態を予測できない場合に自然が採択する解決方法は、当面の状況を評価し、最善の行動を取捨選択することで特定の目標を柔軟に追求する能力を個体に付与することである[1]。

個々の行為主体の観点から見れば、これは何らかの形態の不確実性（あるいは特殊なケースでは何らかの形態のリスク）に直面したときに、意思決定を下すことを意味する。原理的には、行為主体は独自の生態的ニッチのもとで、物理環境の諸側面を含めさまざまな事象のせいで不確実性を経験するはずだ。しかし私の仮説に基づけば、行為主体的な生物にとって、意思決定が必要になる不確実性をもたらす要因のうち、もっとも重要なものは他の生物である。生物のタイプごとに具体的に説明しよう。

・爬虫類にとって、不確実性のほとんどは餌食の昆虫の行動に起因し、捕食を成功させるためには柔軟な意思決定が必要とされる（捕食者から逃れるために必要になることもある）。
・哺乳類にとって、新たな不確実性のほとんどは食物をめぐって競い合う集団の仲間の行動に起因し、そのため「よりよい」（効率的な）意思決定を下すよう圧力を受ける。

- 大型類人猿にとっても、新たな不確実性のほとんどは集団の仲間の行動に起因する。あらゆる個体が、入手が難しい場所にかたまって存在する資源を選り好みするため、とりわけ激しい競争が生じ、そのため、競争相手の行動をより正確に予測するよう、また行動を起こす前に劣悪な決定を矯正するよう圧力を受ける。
- 人類にとって、新たな不確実性のほとんどは、資源の確保などといった複雑な活動を遂行するにあたって他者と連携する際に、協働のパートナーや集団が取る行動に起因する。そのような活動には、新たな形態のさまざまな社会的・認知的スキルや動機づけ、さらには社会的な意思決定や自己調節の能力が必要とされる。

以上の不確実性は特定の生態系に固有の課題のみならず、生態系が課す一般的なタイプやパターンの課題をも反映している。そしてその解決には、特定の行動適応だけでなく、新たなタイプの心理組織が必要とされる。言い換えると、生態系が課す特定のタイプの課題によって、意思決定を下す個体にとって特定のタイプの不確実性が生じるようになり、その結果、特定のタイプの行為主体的行動組織が生み出された（そこから特定のタイプの経験をする可能性が開かれた）ということである。私が特に主張したいのは、少なくとも脊椎動物のクレード〔特定の共通祖先から進化したすべての生物を含む生物群〕内では、こうしたすべてのタイプが、おもに生物同士の相互作用のあり方に起源を持つということだ。よって生物の行為主体的な行動組織は、たいてい単独で行動し、(スクランブル型競合やコンテスト型競合〔第2章40～41頁参照〕を通じて)集団の仲間と競い合いながら生きているのか、それとも集団の仲間とおおむね協力し合いながら生きているのかによって変わってくる。

3 生物種ごとに異なる行動適応や心理適応が多数見られるにもかかわらず、行為主体的な行動組織に必要とされる、心理面での基本設計は数えるほどしか存在しない

もちろん基本設計の実際の数は、粒度の取り方によって(より包括的で一般的なカテゴリーを設けるか、より具体的な細分化されたカテゴリーを設けるかによって)変わってくる。したがってここで私が提起する分類は、いくつかのより具体的なタイプへとさらに細分化できるかもしれない。また私は、人類に至る進化の道筋からはずれた動物から成る分類群を考慮に入れない。いずれにせよ、先に述べた四つの社会生態的な課題を生むに至った道筋や分化を勘案すると、行為主体の主要なタイプとその活動の主たる特徴は、次のようなものになる。

- 爬虫類は、予測不可能なあり方で振る舞う昆虫を捕食する目標指向的行為主体として、実行か中止かをめぐって一連の決定を下すことにより比較的柔軟に目標を追求する。また必要なら、一種のリアクティブなグローバル抑制の能力を行使して実行中の行動(捕食など)を中止し、

別の行動（捕食者から逃れるなど）を取ることができる。つまり、状況に応じて「実行」から「中止」へと、あるいはその逆へと、決定を柔軟に変更することができるのだ。

・哺乳類は、食物へのアクセスを仲間と競い合う意図的行為主体として、爬虫類と同じ基本的なあり方で活動するが、それに加え、実行層という新たな層を行動組織に進化させた。この新たな実行層によって哺乳類の個体は、行動を起こす前に、特定の目標を達成するための行動計画を立てられるようになった。つまり、認知シミュレーションを用いて、先見的なプランニングや意思決定をまず行なうことで、より効率的に目標を追求することができるようになったのである。というのも認知シミュレーションは、いくつかの実行可能な行動のなかから一つを選択することによって、行動それ自体ではなく行動する意図を生むからだ。そのような意図した行動を導くあれかこれかの意思決定によって、選択された行動の価値を高め、選択されなかった行動の価値を下げるという、より柔軟なタイプの抑制制御を行なうことが可能になったのである。

・大型類人猿は、集団の仲間とのとりわけ激しいスクランブル型競合やコンテスト型競合にあけくれる合理的行為主体として、行動組織の一部として他の階層を監視する二次的な実行層を新たに進化させた。この反省層によって、大型類人猿の個体は、現在は抱いていない目標を達成するための計画を立てることさえできるようになった。そして（さらなる情報を集めるなどして）誤りと判断される決定を矯正し、複数の目標間のさまざまなタイプの対立を、実際に行動を起こす前に特定し解決することができるようになった。このプランニングや意思決定の能力は、環境内の意図的な関係や因果的な関係に関する推論によって論理的に構造化されている。この構造化は、自己の一次的な行動計画や意思決定に対する行為主体の反省的なアクセスに基づいてなされる（つまり、自己の「行動論理」に基づいて、外界のできごとをシミュレートする）。かくして大型類人猿は、少なくともある意味において合理的に決定を下しているのである。

- 人類は、他者と協働することで狩猟採集を行なわねばならない社会規範的行為主体として、他者と共同的行為主体、もしくは集合的行為主体を形成するために必要なスキルや動機を進化させた。それによって人類は、個人が単独で達成できない新たな目標を追求できるようになり、認知や動機に関するさまざまなプロセスが新たに生じた。そしてそのおかげで、協働参加者の行動をコントロールするのに役立つ規範的基準を呼び起こすことで、他者と心的状態を柔軟に連携させ、協力的もしくは集合的な行動を取るべく自己調節することができるようになったのだ。それが可能になった理由の一つは、パートナー同士が互いの行動を客観的で、よって理解可能なものとして見られるようになったからである。共有された行為主体は、行動の三つのモード、すなわち個人的な行為主体、共有された行為主体（共同的な、もしくは集合的な行為主体）、役割行為主体を同時に生み出す。そしてこれら三つのモードは、特定の行動の実行を決定するにあたり、何らかの方法で相互に調和させる必要がある。

以上列挙した行為主体の四つの類型は、意思決定と実行コントロールから成る、一つもしくは二つの実行層によってフィードバック制御組織の基盤を強化することで生み出された。そして人類において、複数の合理的行為主体が新たな目標を追求する経験を蓄積するにつれ、この基盤は何らかの形態の共有された行為主体へと再組織化されていったと考えられる（表7・1を参照）。動物の認知を専攻する研究者たちは、行動計画、抑制制御、満足の遅延、行動変更などの、行動実行に関するスキルを研究してきた。しかし現代の認知科学においては、それらを個別のスキルとしてではなく、一つもしくは複数の包括的な実行層に属し、行動実行の監視やコントロールを行なう相互作用する種々のコンポーネントとしてとらえるモデルも存在する[2]。それゆえ私は、さまざまな実行プロセスが制御システムとして協調し合いながら作動するという点を強調するために、統合化された操作層という構造を採用したのである。一次的な実行層の目標は「よりよい」決定を下すための支援をすることにあり、行為主体の目標、行動、ならびにその結果を含め、操作層（行動と知覚から成る層）に注意を向けることでそれを達成する。二次的な実行層、つまり反省層も同様に一つの制御システムであり、さらに的確な意思決定を下すことを目標とし、目標間の矛盾や、行動実行中の状況に関するさまざまな情報間の矛盾を含め、一次的な実行層での意思決定プロセスに注意を向けることでそれを達成する。

　人間が他の動物と大きく異なる点を考えると、人類が新たに獲得した組織がいささか質素であることには驚きを感じるかもしれない。しかし、その点こそがまさに奇跡なのである。見かけは質素な変化が、あらゆる種類の偉業を可能にする新たな形態の行為主体をもたらしたのだから。

表7.1　さまざまなタイプの行為主体とそのおもな特徴を示した分類表。

	構造	行動（と注意）を導くもの	行動をコントロールする方法
目標指向的行為主体 	フィードバック制御システム	目標（関連する状況に対する注意）	実行か中止かのグローバル抑制
意図的行為主体 	追加の実行層（ワーキングメモリー）	目標に対する計画としての意図（目標と行動に対する注意）	あれかこれかの決定に基づく不確実性の監視
合理的行為主体 	追加の二次的な実行層（メタ認知）	未来の目標に対する計画（実行に関する意思決定に対する注意）	「よりよい」決定を下すための問題の診断と介入
社会規範的行為主体 	実行層の社会的な自己調節（名声、義務）	さまざまな計画の融合と目標の共有（視点の柔軟性）	社会規範的な自己調節（合理的／道徳的な規範に基づく）

そのカギの一つは、極端に長期化した人間の発達過程であり、個人はその期間を通じて、他者とコミュニケーションを図り、協働し、共有された行為主体を自己調節し合うことで、さまざまな認知スキルを構築していく。共有された目標の達成に向けて他者と連携するためには、相手の役割やものの見方を理解することが求められ、そこから再帰的（入れ子状）に構造化された推論をともなう、さまざまな視点から構成される認知表象、そして最終的には客観的な認知表象が形成されていった。またあらゆる種類の共有された行為主体に属する他者とやり取りするためには、個々人が、集団の規定する社会規範への共同コミットメントを通じて「同意」することで、同等の参加者として尊重し信用し合うことが求められ、そこから最終的に規範的な態度や情動によって構造化された関係が形成されていった。子どもは、共有された行為主体に他者と参加するにつれ、関与しうる行為主体の三つのモードを同時に連携させることを学んでいく。こうして、共有された行為主体から力を付与されるとともに、自分自身が参加する数々の共有された行為主体と連携するために自己の行為主体性を制限する個人が形作られるのである。

これらさまざまなタイプの行為主体性は、（私が着目する生物種が［人類に至る］連続的で直線的な進化系統であることを考えると）目標指向的→意図的→合理的→社会規範的と、おのおのが先行する行為主体性を基盤としつつ、順を追って進化の過程で出現してきた（生物進化の過程で、いかに単純な生命形態からより複雑な生命形態が出現してきたかに関してはボナーの著作を参照されたい[3]）。ここでもう一度、タマネギのたとえを思い出そう。前段階の行為主体から派生した行為主体のおのおのは、いくつかの形態の先行する行為主体を内部の層として含み、そこに新たなコンポーネントが追加され統合されていく（その過程で何かが変化するかもしれない）。人類を例に取ると、人間の単純な感覚運動的行動の一部は、現在でも目標指向的行為主体によって組織化されているが、より複雑な行動のなかには、さまざまなレベルで作動する複数の層が同時に関与しているものもある。

以上の分類にもれた別のタイプの行為主体は存在しないのか？　もちろん、少し異なるものなら間違いなく存在するだろう。また昆虫や鳥類、とりわけ高度な社会性を持つ生物種のなかには、以上の行為主体とはある程度異なったあり方で行動する種も存在する可能性が非常に高い。しかし私が用いている限られた理論的ツール――フィードバック制御組織、実行機能層、さまざまな形態のプラニングや意思決定、認知制御――に基づいて言えば、他の可能性はそれほど多くはないだろう。とはいえ、それらのプロセスを構成するさまざまなコンポーネントが、他の生物種では別の様態で再構成されるということは当然あるだろう。また行動を管理コントロールするために、本書で取り上げなかったタイプのコンポーネントを用いる生物がどこかに存在しているのなら、別の主要なタイプの行為主体が存在していたとしてもおかしくはない。

4　進化の過程における新たな形態の行動組織の出現には、「階層的モジュール性」と「トリクルダウン選択」の両方が関与する

行動主義と進化心理学のあいだには、共通点が非常に少ない。しかし、どちらもミクロの分析を行なう点で共通する。刺激と反応に基づく分析を主体とする行動主義に関しては、そのことがはっきりとわかる。トカゲによる昆虫の捕食など、動物の普段の行動に対してそうした分析をするのはきわめて難しい。トカゲの捕食には、いったいいくつの刺激と反応が関わっているのだろうか？　そしてそれらは、どのように互いに結びついているのか？　進化心理学は進化心理学で、非常に特定的な計算的メカニズムに着目する。トカゲを例に取ると、進化心理学では逃げるアリの逃走方向を計算する特殊なメカニズムを想定する。ところが、獲物を捕らえるのに必要な他のメカニズムとの関係は明確化されない。しかし、たとえば逃走方向を計算するメカニズム——ならびにその進化——は、それが昆虫の捕食というより大きな活動にどう関与しているのかを明確化しない限り、十全に理解することはできない。逃げるアリの逃走方向を計算するメカニズムは、明らかにそれ自体のために進化したのではなく、獲物を捕らえるという、より高次の目標を達成するために進化したのであろう。この明らかな事実を念頭に置くことは重要である。なぜなら、生物の行動が以下に述べるようなあり方で進化する理由を理解する際に重要になるからだ。

ここで、生態的な条件が変化し、個体がそれまでどおりに食物を確保できなくなった状況を想像してみよう。最初の段階では、入手しやすい他の食物を確保しようとする動機を、少なくともある程度はすでに持っている個体が自然選択によって生き残るだろう。この自然選択のプロセスによって、行動に関与する他のコンポーネントに無数の「トリクルダウン」効果が及ぶはずだ。

というのも、新たな食物を確保するために必要なことをする能力も、より高次の目標を達成するための手段として選択圧にさらされるようになるからである。たとえば、それまでは捕食者から逃れる場合にのみ木に登っていた生物が、新たな食物を入手するために木に登らなければならなくなったとすると、少なくとも一定数の個体は、この新たな目的のために木登りのスキルを応用する方法を見つけ出すだろう。このプロセスは、一般に前適応（あるいは外適応）と呼ばれている。またそれまでは木に登れなかった生物が、既存の歩行能力を拡張して何とか木に登れるようになるという、類似のプロセスを想像することもできよう。いずれのケースでも、ポイントは、新たな食物を入手するという高次の目標から、巧みに木に登る必要性が生じ、遺伝的な変化を経ずして木登りができるようになる点にある。そしてひとたび少数の個体がこの新たな採集パターンを身につけると、後続の世代では、この新たな採集パターンに好都合なスキル、たとえば木登りのスキルを遺伝的に受け継いだ個体が（一般に「遺伝的同化」と呼ばれるプロセスを通じて）選択される。階層構造を念頭に置いて考えれば、行動によって進化の過程が導かれると見なすこともできるだろう。つまり、新たな目標が個体の行為主体としての調節力にトリクルダウン効果を及ぼし、それによって将来における遺伝的同化のプロセスの舞台がしつらえられるのである。

このアプローチの結果として得られるモジュール性のモデルを、私は階層的モジュール性と呼んでいる（階層的モジュール性は、複雑な機械のほとんどに見られる特徴だ）。逃げる昆虫の逃走方向の計算や木登りは、進化心理学が想定しているとおり、専用の計算的メカニズムとして作動しているのかもしれない。しかしその種の計算的メカニズムのほとんどは、より高次の目標のために進化し、それが他の高次の目標のために応用されたか、あるいは行為主体によって修正されてさらに別の高次の目標のために動員されたのだろう。その意味でのモジュール性とは、階層的な組織をなして種々の潜在的な高次目標を追求するさまざまなコンポーネントで構成される行動能力に関するものなのである。またそれには、上から「管理される」目標（新たなモジュールの生成を含む）を達成するために必要とされる進化的な変化がともなう。生物の行動における柔軟性の大部分は、この階層的モジュール性に由来している。というのも、個体には特定のものごとが確実になされるよう、生得的な目標が埋め込まれているが、その目標を達成するために既存の能力をどのように使うかは、個体自身が見出す必要があるからだ。世界の働きを領域特殊的な機能と領域一般的な機能に分ける見方を取れば――そのような枠組みは、現代の議論でよく見かけられる――、いかなる構造やプロセスも、正しくとらえられなくなるだろう。

ここで次のような提案をしたい。私たちは、あらゆる複雑な生物の行動が階層構造をなすことを、また、この構造を念頭に置いて特定の適応や行動の機能を分析する必要があることを認識しておくべきである。単純な反射作用に階層構造を適用することはまずできないだろうが、本書で取り上げてきた行為主体のほとんどに関して言えば、その行動の柔軟性と、基盤をなす行為主体的組織の進化を説明するためには、階層構造が必要になる。

5　生物の行動と心理に関する行為主体的組織の変化は、その生物が持つことのできる経験のタイプ（経験的ニッチ）も変える

全生物に有効な、たった一つの環境が存在するわけではない。ところが私たち人間は、あらゆる生物に対応するただ一つの「客観的な」環境を概念的に想定する（それが、私たちが世界を経験するあり方だからだ）。だが実際には、生存し繁栄するために何が必要なのかに応じて、生物種ごとに住まう生態的、経験的ニッチが異なってくる。そのようなプロセスの一環として、生物は自己の行動に関連する状況を知覚し、それに注意を向け、必要な情報を得る。このように各生物種は、自己の行動能力によって決定される独自の生態的、経験的ニッチに住まっている。

このことは、特定の生物種がなし遂げた独自の適応を見ればよくわかる。いくつか例をあげよう。鳥類は、飛翔する昆虫を視覚によってとらえ、捕獲するために舞い降りるのに対し、コウモリは反響定位《エコロケーション》によって飛翔する昆虫の位置を特定し、その情報を用いて獲物に向かって飛んでいく。ミミズは食物のにおいをかいで「感じる」。ほとんどの哺乳類は、視覚情報として赤と緑を区別しないが、熟した果実と未熟な果実を見分けなければならないほとんどの霊長類は、赤と緑を区別する。以上の例によって私が言いたいのは、さまざまなタイプの行為主体性について考える際も、同様だということである。つまり行動組織が異なれば、それに応じてその行為主体が住まう経験的ニッチも異なってくるのだ。生物のタイプごとに具体的に説明しよう。

・爬虫類を始めとする目標指向的行為主体は、目標の達成に向けて行動を管理する。そしてそれにあたり、知覚器官が取り込むすべての入力刺激をそのまま知覚するのではなく、目標に関連する状況に（トップダウンで）能動的に注意を向ける。目標とは望まれる状況の認知的表象であるがゆえに、注意は物体や行動ではなく、環境内の状況、とりわけ目標達成の好機や障害を反映する状況に向けられる必要がある。
・リスを始めとする意図的行為主体は、操作（知覚行動）層のみならず意思決定と実行制御から成る実行層の働きに依拠して活動する。そのような機能のあり方は、外界における関連する状況だけではなく、目標、行動、結果の面で自己の操作レベルの機能も包摂する経験的ニッチを生み出す。したがって私の考えでは、哺乳類や他の意図的行為主体は、目標に向けて柔軟に行動するだけでなく、ある意味で自己の行動に気づいている意識的な存在と見なせる。
・類人猿を始めとする合理的行為主体は、目標に関連する状況が、外界のさまざまな実体間の因果的関係や意図的関係によって決まることが非常に多い経験的ニッチのもとで生きている。それらの関係は、類人猿が自己の行動に起因する因果性を外界のできごとに、また自己の思考やプランニングの意図を外部の行為主体に投影することで生じる。この投影プロセスは二次的な実行機能層（反省層）の働きによって可能になり、そのおかげで類人猿は、自己の一次的な実行プロセスへアクセスできるようになった。したがって大型類人猿の経験的ニッチには、外界の因果的、意図的な関係に加え、一次的な実行層によってなされるプランニング、意思決定、認知制御を対象とする自己の心理機能が含まれる。

・人間は、さまざまなタイプの共有された行為主体性を備え、共有された目標を追求する社会規範的行為主体として活動する。そのためには、他の合理的行為主体と心的に連携する必要がある。個人は発達期間を通じてそのようなあり方で数年間活動することで、人類独自の新たな経験的ニッチとして——個人の主観的な視点や価値観とは対照的な——客観的で規範的な世界を構築していく。この世界では、考えや行動の正しさは誰に対しても公平に裁定される。そしてそのような活動を通じて、特定の文化の社会的、制度的な構造のもとで、さまざまな種類の「同意」が客観化され（たとえば貨幣や紙幣、あるいは夫など）、それによって一定の義務的な力や、社会的な視点を備えた新たな形態の自己意識が生じるのである。

私の考えでは、行動の進化のプロセスと、それによっていかに生物の経験的ニッチが構造化されているのかを理解することで、あらゆる生物が適応の対象とする「唯一の」環境を正確かつ客観的に記述するものとして、人間の経験的ニッチに特権的な役割を与える、ありとあらゆる哲学的立場の根拠が覆されるだろう。「ただ一つの客観的な世界が存在し、各生物は、おのおのその異なる側面を知覚しているだけだ」と論じることもできよう。しかしそれは、私たちが住む世界と、各生物が住まう世界として私たちが考えているものを（おそらくは科学的証拠に基づいて）比べられるということを意味するにすぎない。だが各生物は、独自の生態的ニッチ、よって独自の経験的ニッチのもとで生きている。そのことは、科学者や哲学者を含めた人間にも当てはまる。いずれにせよここで私が言いたいのは、「自然選択では適応的な行動がもっとも直接的に選択され、それによって経験的ニッチを含め、心理の進化におけるあらゆる事象が引き起こされる」ということだ。

6　意思決定を下す行為主体は必要なものだが、それは少なくとも悪い意味での小人などではない

多くの科学者や哲学者にとって還元主義は必須の要件であり、とりわけ研究分野間の連携には有用だが、関心の対象になっている当の現象を排除する場合がある。したがってコンピューターになぞらえるたとえや神経科学的な記述に基づく認知科学のモデルには、意思決定を下す行為主体を論じる余地がないことが多い。機械的とは言えない意思決定者を用いたモデルを提起すると、「小人《ホムンクルス》」を持ち出したとして非難され、それを排除しようとする試みがなされる。しかし思うに、もっとも重要な心理現象を説明する場合、意思決定を下す行為主体を排除すれば、当の心理現象自体が失われる結果になるだろう。生物学の歴史には、それに似た示唆に富む事例がある。

一八世紀から一九世紀にかけて、科学者たちがあらゆる種類の物体や物質を化学的な構成要素、さらには原子にまで分割していくにつれ、「生物は他のあらゆるものと同じ要素から構成されているのか？」という問いが生じた。非生物は働きかけられない限り動かないのに対し、生物は自

発的に行動を起こすという事実から、一部の科学者はエラン・ヴィタール、すなわち生物に生命を吹き込む一種の活性化物質もしくはエネルギーが存在すると主張した。この主張は正しくないことがやがて判明する。現代の私たちが知るように、生物は無生物と同じ物質から構成されている。ただしそれらの物質は独自のあり方で組織化されているため、生物はエネルギー、究極的には太陽光エネルギーを利用して、成長、生殖、動物の場合には行動などといった、エネルギーを必要とする生命プロセスを維持することができる。

このような説明は心理のレベルにも適用できる。行為主体とは、個体の行動の背後に存在する、ある種のホムンクルスやエラン・ヴィタールなのか？　そんなことはない。その背後にあるのは、ホムンクルスのような未知の実体ではなく、生物個体が目標に関連する状況に注意を向け、意思決定を下し、そのプロセスを自己調節するための特殊な心理組織なのである。確かにあらゆる行動がそのような方法で生み出されるわけではない。ハエトリグサや細菌《バクテリア》の行動を説明するのに行為主体を持ち出す必要はない。その成長や生殖やその他の生命維持機能の基盤をなす共通のエネルギー原理を説明しさえすればよい。しかし、未知の環境で生物がいかに柔軟かつ効率的に行動するのかを説明するにあたっては、別の行動原理が必要とされる。その行動原理とは、生物の行動の基盤をなすフィードバック制御の原理に基づく、主体性の心理組織なのである。特定のタイプの行動組織や心理組織を通じて世界に働きかける生物個体のみを考えればよいのであって、謎めいた物質を持ち出す必要などない。

一部の科学者や哲学者は、生物学的、あるいは物理的な因果関係へと完全には還元できない心理的な意思決定者を概念化することに困難を覚える。私が機械に関する説明から始めた理由はそこにある。非生物的なコンポーネントのみから構成された機械が、多くの重要な点で行為主体のような行動を起こせるという事実は、二〇世紀の偉大な発見の一つである。機械はそれを、いかなるコンポーネントもつけ加えることなく、新たな形態のフィードバック制御組織を構成するだけで達成する。これは、機械が真の行為主体なのか、あるいは真の行為主体になりうるのかという難題を突きつける。現在ある機械だけを対象に考えれば、それが行為主体であるという見方は疑われてしかるべきであろう。しかし生物にあって機械にないものとは何かという難題は残り、そこで再びホムンクルスのような謎めいた実体が頭をもたげてくる。しかし、生気論との類推は示唆に富むという点を繰り返し指摘しておきたい。さまざまな炭素化合物を鉢に入れて一定の手順で混ぜ合わせたら生命が誕生するかと問われれば、そう尋ねられた人は同様な困惑を覚えるだろう。私見では、行為主体的生物と最新の行動する機械をもっとも顕著に分かつ点は、前者が関連する状況——目標や価値に関わる好機や障害——に対して柔軟に注意を向ける方法にある。そうした状況は、目標指向的な行動によって構造化されると同時に、その行動を構造化してもいる。つまり行為主体的生物の知覚や認知は、目標指向的な行動に統合化されているのだ。あらゆる種類の人間の活動を捗らせるために、そのようなより統合化されたあり方で組織化された機械が使われるようになる時代が、いずれ到来するかもしれない。

このように私の考えでは、未知の状況で心理メカニズムを効率的に働かせるためには――進化のプロセスは、任意の個体に対してそのための細かな準備を整えておくことなどできないので――行為主体性が必要とされる。要点はまさにそこにある。自然は、任意の個体が遭遇する未来の状況を細部にわたって予測できるわけではないため、行為主体的な心理組織を構築したのである。そのおかげで個体は、目標――究極的には自然によって組み込まれた目標――を追求するにあたって、自ら意思決定を下し、自己の行動を調節することができるようになった。したがって行為主体という概念には、決定論的な要素と自発的な要素の両方が含まれる。行為主体として行動する生物の能力は、系統発生的には自然選択による進化のプロセスによって、また個体発生的には遺伝的（もしくはエピジェネティック）な発現のプロセスによって生じる。したがって、重要な意味で決定論的だと言えよう。とはいえ、それらの能力はその都度行使されねばならず、そのためには、単独で自発的に行動を選択するという決定的な特徴を持つ心理的行為主体性が必要になる。自然は私に言語を操る能力を与えたのだとしても、私が口にする言葉の内容まで決めたわけではない。自然は自然選択による進化のプロセスを通じて、自律的に行動する能力を各個体に付与する行為主体的組織という形態を作り出したのである。

ここで最後の提案をしよう。科学のいかなる分野も、根本領域、つまりアリストテレスの言う第一原理から始まる。生物学においては、それは生命――一定の組織的な機能を果たすために物質が特定のあり方で組織化されているもの――だ。心理学の場合、それは理論的な立場に応じて、行動か心理かのいずれかになる。だが、私ならその候補として行為主体性をあげたい。なぜなら行為主体という組織的な枠組みのなかで、行動のプロセスと心理のプロセスの両方が作動するからだ。本書で私が提起する理論的なモデルでは、行為主体は特定の範囲の形態を取ることができるが、その形態は行為主体の種類によって異なってくる。そしてこの考えを共通的な分析ツールとして用いれば、動物種を横断する、より具体的な行動組織のモデルを構築することができるだろう。少なくとも、本書の目的はそこにある。

補足説明A

理論としての行動主義はすでに終焉を迎えており、それをあからさまに支持する人はいない。だが動物の行動について語る用語に大きな影響を与えたため、多くの研究者たちがいまだにそれを用いて議論している。基本的に刺激と反応という用語は、実験で生物の目標（実験では通常、エサの確保）を知る研究者の観点からとらえたものである。動物実験を行なう研究者は、被験動物に刺激（たとえば手が届かないところに置かれた食物など、目標とは矛盾する状況）を与え、その刺激に対する被験動物の知覚や理解を問題にしない。本書の制御理論は、生物の持つ目標と、状況に対する知覚と注意にまず着目する。そして、生物を刺激に反応する存在としてではなく、特定の目標を追求し、行動に関する決定を効率的に下すために知覚と、状況に対する注意を駆使する（そして任意の状況のもとで特定の目標を達成するにあたって、いかなる行動が最適かについてフィードバック情報をもとに学習する）存在として理解する。次頁の表は、行動主義理論と制御理論の用語をそれぞれ要約したものである。

行動主義理論の用語	制御理論の用語
刺激	生物の観点から見た状況の知覚やそれに対する注意。実験者の観点から見れば、「提示された物体や状況」と言うことができる。
反応	自己の目標を実現するための手段として生物が選択した行動。
強化、褒美 (a) 刺激に対する反応の学習 (b) 複数の刺激間の結びつきの学習	目標の達成。目標が達成されれば、知覚された状況が内的な目標と合致するため、強化として作用する。 (a) 特定の状況のもとで目標を達成するために必要な（行動の結果に関するフィードバック情報をもとにした）行動の学習。 (b) 知覚された実体やできごとのあいだのさまざまな関係の学習。 意思決定 実行プロセス (1) 反応的《リアクティブ》（たとえば抑制） (2) 先見的《プロアクティブ》（たとえばプラニング） (3) 行動監視と行動制御（フィードバック） 二次的な実行プロセス（反省、メタ認知）

補足説明B

本書におけるモデル生物の選択は、関連する既存の実験データにある程度影響されている。とはいえ現時点で得られている実験データは、場合によっては理想的と言うにはほど遠い。問題は動物の行動一般に関するデータが十分に存在しないことではなく、既存のデータの多くが本書の問いに答えるには不適当だという点にある。したがって、行動生態学や連合学習理論それ自体は興味深く重要であったとしても、認知や行為主体に直接関連する問題に取り組む際にはふさわしくないことが多い。よって動物の認知の研究者――心理的な側面を重視する方法や視点を持つ研究者――にとっては、研究対象に含める動物種の範囲をできるだけ拡大することが重要になる。しかし、明らかに時間や資源や実験に用いることのできる動物種には限りがあるので、一人の研究者にできることはそれほど多くはない。この問題に対する一つの解決策として、ある興味深いプロジェクトをあげることができる。このプロジェクトでは、さまざまな動物――現時点では霊長類に限られているが――の研究者が、ウェブ上で比較実験を提案し、他の研究者が自分の専門とする動物種を対象に実験データを集めて提供することができるのだ。[1] このようにすれば、動物の研究者は専門知識やデータを蓄えて、特定の心理プロセスに焦点を絞った大規模な比較研究を行なうことができるはずである。[2]

謝辞

本書の草稿を早い段階から読んで有益な助言をしてくださった何人かの同僚に感謝したい。ジョセップ・コール、ならびにジャン・エンゲルマン、ウォルター・シノット＝アームストロング、マニュエル・ボーンは最初の草稿をほぼすべて読み、非常に有益な助言を与えてくれた。本書をよりよいものにしてくれた彼らにお礼の言葉を捧げたい。また同様に初期の草稿を読んでいくつかの有用な提案をしてくださったブライアン・ヘアとアレックス・ローゼンバーグにも感謝する。さらには本書をテーマとするセッションを開催してくれたウォルター・シノット＝アームストロングと、彼のセミナーの同僚たち（彼らのほとんどはデューク大学の心理学と神経科学学部に所属している）に感謝したい。このセッションは、さまざまな点で役立った。ＭＩＴ出版局のフィリップ・ローリンと四人の匿名のレビューワーにもお礼の言葉を述べる。彼らの助言はとても役立った。最後に、とりわけ「はじめに」に関して考え方と文章の両面において支援してくれた妻のリタ・スヴェトロヴァに深く感謝する。

訳者あとがき

本書は *The Evolution of Agency: Behavioral Organization from Lizards to Humans* (The MIT Press, 2022) の全訳である。著者のマイケル・トマセロは著名な認知科学者で、デューク大学教授、およびマックス・プランク進化人類学研究所の名誉所長を務めている。既存の邦訳は、『トマセロ 進化・文化と発達心理学』(丸善出版)、『道徳の自然誌』『思考の自然誌』『コミュニケーションの起源を探る』『ヒトはなぜ協力するのか』(以上、勁草書房) など多数ある。

まず各章の概要を、引用を交えて紹介しておこう。

「第1章 はじめに」

本書全体の概要が説明される。それにあたり、まず本書の主たるテーマである「行為主体(性)」の定義がなされる。次のようにある。「行為主体的存在は行為主体的な物質や実体ではなく、特殊なタイプの行動組織によって非行為主体的存在から区別されると言えるだろう。その行動組織とは、フィードバック制御組織のことであり、個体はこの組織のもとで、情報に基づく意思決定や、自己の行動の監視によって、行動プロセスをコントロールし、さらに自己調節することで、特定の目標《ゴール》に向けて自己の行動――その多くは生物学的に進化したものだ――を導いていく」（9頁）。本書では、このように定義された行為主体を、進化の順序に従って目標指向的行為主体、意図的行為主体、合理的行為主体、社会規範的行為主体の四タイプに分類し、第3章から第6章にかけて各行為主体について個別的に説明している。

「第2章　行為主体のフィードバック制御モデル」

第1章にあるように、行為主体の行動組織はフィードバック機構をなす。第2章では、その意味を明確にするために、生物ではなく機械が実装する人為的なフィードバック機構（サーモスタットなど）のメカニズムが紹介される。そしてフィードバック機構の主たる構成について次のように述べる。フィードバック制御モデルは「階層構造をなすいくつかのシステムから構成され、それぞれのシステムは三つの中心的なコンポーネントから成っている。三つのコンポーネントとは、（1）基準値、あるいは目標、（2）感知装置、あるいは知覚、（3）行動に関する決定を下し実行するための、知覚と目標の比較装置である」（37頁）。機械が実装するフィードバック機構が持つ以上の特徴は、第3章から第6章にかけて説明される、生物の行為主体においても重要な役割を果たす。

「第3章　目標指向的行為主体――太古の脊椎動物」

本章では、四つの行為主体のうち最初に進化した目標指向的行為主体について論じられている。目標指向的行為主体は、刺激に対してランダムに行動し行為主体とは言えない「非行為主体的アクター」とは異なり、グローバル抑制によって、一連の行動を対象に目標と状況に応じて実行か中止かの意思決定を下すことができる。なおグローバル抑制とは単純な停止メカニズムを指し、「間違った行動の実行に何もしない場合より大きなコストがかかりうるケースでなされる、実行か中止かの決定に関連する」（58頁）。さらに目標指向的行為主体の大きな特徴として、その名称どおり、何らかの目標を追求することがあげられる。したがって目標指向的行為主体は、「知覚された環境の諸側面のうち、自己の目標や行動に関連するものに注意を向けなければならない」（62頁）。さらには「注意を介して得られた情報をもとに意思決定を下すことで、特定の目標に向けて柔軟に行動し、自己の行動を適宜コントロールする」（64頁）。

「第4章　意図的行為主体――太古の哺乳類」

本章では意図的行為主体（哺乳類）が取り上げられる。意図的行為主体が進化すると、目標指向的行為主体と比べて、より複雑な行動のコントロールが可能になる。意図的行為主体は、「ただ柔軟というだけでなく意図的に自己の行動を目標に向けて導く。つまり実際に行動を起こす前に、目標達成に向けて取ることのできる、いくつかの可能な行動を認知的にシミュレートするのだ。また実行か中止かの決定を下すだけでなく、あれかこれかの行動選択を行なうことで自己の行動をコントロールする。つまりいくつかの可能な行動計画によってもたらされる結果を評価し、次に自己の行動を、実行中に認知的に監視しコントロールするのである」(73〜74頁)。したがって目標指向的行為主体が知覚と行動から成る操作層しか持たなかったのに対し、意図的行為主体は、意思決定と認知制御から成る実行層を持つようになった。太古の哺乳類において実行層が新たに出現したのは、哺乳類が社会集団を形成して暮らすようになったため、「食物や他の資源をめぐって集団の仲間との競争が激化することで生じた複雑性にも対処しなければならなかった」(75〜76頁)からだ。こうして哺乳類は、「知覚と行動から成る操作層に基づいて活動するだけでなく、その操作層が意思決定と認知制御から成る実行層の監督を受ける」(85頁)ようになった。

「第5章　合理的行為主体——太古の類人猿」

本章では合理的行為主体(類人猿)が取り上げられる。まず類人猿が合理的であるとはいかなる意味なのかが明確化される。次のようにある。「私はただ単に「目標を知的に追求する」という意味で類人猿を「合理的」と呼ぶのではない。あらゆる哺乳類がそうしているのだから。類人猿は論理的かつ反省的に活動するがゆえにそう呼ぶのである」(114頁)。そのために大型類人猿は、著者が反省層と呼ぶ二次的な実行層を備え、それを用いて「行動実行に関する一次的な意思決定や認知制御それ自体を認知的に監視し評価する」(115頁)。また大型類人猿が持つ因果関係や意図を理解する認知スキルは、「外界の事象や行動のみならず、それら(ならびにそれら相互のあいだの論理的な関係)を引き起こした原因にまで行為主体的行動の範囲を拡大する」(119頁)。また「それを、望みの結果を生み出すために操作することも」(119頁)でき、「特定の状況のもとでは、自己の行動とは完全に独立して生じる因果的な力を理解することもできる」(121頁)。さらには物理的事象のみならず、「他個体の知覚の対象を能動的に操作して、その個体の行動に影響を及ぼそうとすることもある」(127頁)。最後に著者は、それらの能力の「進化的起源や個体発生的な起源を、人間独自の形態の文化や意図的な指示や言語に求めることはできないという、明白ながら意義深い結論を引き出すことができる」(152頁)と主張する。この結論は、あとで述べる人間中心主義からの脱却に資する提言だと言える。

「第6章　社会規範的行為主体――太古の人類」

第6章では社会規範的行為主体たる人類が取り上げられる。まず社会規範的行為主体がいかなる行為主体なのかが次のように説明される。「社会的に構成された新たな形態の自己調節――規範的な自己調節――が作用し、各個人は、個体として自己の行動を管理コントロールすることだけでなく、自らが属する共有された行為主体の規範に沿って行動することを強いられる」(154頁)。そのような行為主体性の進化を促したのは、初期人類において協働による狩猟採集を行なう必要が生じたからだ。つまり協働を行なう際には、共同目標を立てて追及する必要があり、そのためには「各人は、それに関連する障害や好機に、逐次共同で注意を向ける必要」（160頁）が生じたのである。しかし集団の規模が大きくなるにつれ、個人を束ねるためのより強力な手段が必要になる。それは文化的な手段であり、それによって次のような能力が進化し始める。初期人類が「十全に文化的な存在に進化すると、現生人類は事物に対する個人的な視点のみならず、いかなる個人の視点からも独立した客観的状況に照らして世界を知覚し、理解するようになった。そしてさらに、互いに対する責任という視点だけからではなく、集団の全メンバーによって同意された集合的な規範的基準を遵守する義務という視点から、集団の仲間を理解するようになったのだ。こうして現生人類は、客観的かつ規範的な世界に住まうようになったのである」（191頁）。

「第7章　行動組織としての行為主体」

本書のまとめ的な章であり、よって詳細な説明はしない。

次に簡単に本書の長所と短所について個人的な見解を述べておく。まず短所から。概要で説明した議論はかなり抽象的だが、それを裏づける証拠は、ほぼすべて動物や人間の子どもの行動の研究から得られており、脳科学などのよりミクロの単位での研究には、前頭前皮質の役割などといったアバウトな指摘を除けばほとんど言及されていない。よって「ミクロのレベルにもっと深く掘り下げて欲しかった」という印象を受ける読者もいるかもしれない。これは、本書が本文135頁（原書）程度の小著であることと、著者が基本的に脳科学者や生理学者ではなく認知科学者であることに起因していると思われる。いずれにせよその種の記述を含めていれば、もっと大きな本になり、焦点が不明瞭になっていた可能性があろう。

次に長所だが、本書には、人類学、認知科学、哲学、心理学、社会学などのさまざまな人文科学、さらには自然科学の成果を進化の観点から見直すのに役立つという利点がある。つまり人間が持つさまざまな機能や能力が進化のどの段階で生じたのかを見直すことができる。そしてそのような視点を持てば、人間中心主義的な見方にそう簡単には絡み取られなくなるはずだ。

ここで人類学と認知科学から具体例をあげてみよう。まずは人類学から。奥野克己著『はじめての人類学』（講談社現代新書）に、人類学者クロード・レヴィ＝ストロースの主著『野生の思考』に関する次のような記述がある。「『野生の思考』とは、非合理的で非論理的だと思われてきた「未開人」の遅れた思考法ではありません。「科学的思考」と同じように合理的であり、人類にとっても普遍的な思考法のことなのです」（同書113頁）。本書『行為主体性の進化』によれば、そのような合理的で論理的な思考法は、すでに合理的行為主体たる大型類人猿が備えていた、つまり進化的に言えば「未開人」どころかすでに類人猿が備えていたことがわかる（ただしその場合、「思考」という表現が適切か否かは問題になるかもしれないが）。実のところレヴィ＝ストロースは、一つには、欧米の一般人や学者までもが「遠く離れた辺境の地に住む人たちを、長い間「文明から取り残されている人」として「野蛮人」や「未開人」呼ばわりして」（同書76頁）きたことに対する批判として、「野生の思考」などの概念を提起したとのことだが、まさにトマセロの進化的な視点はレヴィ＝ストロースのこの姿勢をさらに確固たるものにすると言えよう。もちろんレヴィ＝ストロースは「構造」を重視した人類学者なので、時間軸に沿ったダイナミクスの観点から諸事象を見る進化科学とはそりが合わないのかもしれないが、だからこそ「静態的な構造」に関する説明を「動態的な進化」に関する説明で補完するべきだとも言えよう。

次は認知科学から。ここでは認知科学者のヒューゴ・メルシエとダン・スペルベルの共著 *The Enigma of Reason* (Harvard, 2017) を取り上げる。現時点では邦訳がないようだが、理性に関する非常に重要な議論が展開されているので英語が得意な人にはお勧めする。なお、この本の主題は「合理的思考は直観的推論の一形態である」（同書90頁）というものだが、話が錯綜するので、それについては触れない。二人は同書で、理性に関して次のように述べている。「われわれの考えでは、理性は、個人的な思考ではなく社会的な相互作用のもとで遭遇する問題に対する反応として進化したのである。理性は二つの主たる機能を満たす。一つは、協働に関する主要な問題を、行為の正当化を通じて解決することであり、もう一つはコミュニケーションで生じた主要な問題を、議論によって解決することである」（同書182〜3頁）。トマセロに従えば、これはまさに社会規範的行為主体たる人類が初めて獲得した能力であることがわかる。しかし同時に、この能力の基盤となる操作層、実行層、反省層は、合理的行為主体たる類人猿が登場する頃にはすでに出揃っていたこともわかる。そしてそのような理解が得られれば、人間中心主義の陥穽に安易に陥ることはなくなるだろう。ちなみにメルシエとスペルベルは進化心理学に基づいて立論しているので、もとより進化は彼らの視点に組み込まれている。とはいえ、理性なら理性がいかなるメカニズムの登場を経て進化してきたかという、経緯に関する説明がなされているわけではない。その点で、トマセロの見立ては二人の見方を補完しわかりやすくすると言える。

以上のように、本書には他の人文科学や自然科学の成果を、より見通しやすくする効用があるという印象を個人的に持った。その意味でも、細かな点に深入りせず、分量が抑えられているのは逆に長所と見なすことができるかもしれない。決して簡単な本ではないが、見返りは多いはずである。

最後に、白揚社と、本書と同様に進化を扱うアントニオ・ダマシオ著『進化の意外な順序』の担当編集者でもある、同社編集者の阿部明子氏にお礼の言葉を述べたい。

二〇二三年九月

高橋洋

第7章

1　Veissière et al., 2019.

2　Koechlin & Summerfield, 2007など。

3　Bonner, 1988.

補足説明B

1　Many Primates, https://manyprimates.github.io; Atlas of Comparative Cognition, https://acc.clld.orgも参照されたい。

2　たとえばE. MacLean et al., 2014, chap.3を参照されたい。そこには霊長類以外の動物の研究において、この種のプロジェクトの活用が有用であることを裏づけるある種の証拠が提示されている。またMany Primates, 2019a, 2019bも参照されたい。

33 Turchin, 2016.
34 Boyd & Richerson, 2005.
35 Gunz et al., 2019.
36 Coqueugniot et al., 2004.
37 Kaas, 2013; Donahue et al., 2018.
38 González-Forero & Gardner, 2018.
39 Boehm, 1999.
40 それに関する研究の概要はDunham, 2018を参照されたい。
41 Haun & Tomasello, 2011.
42 Haun & Tomasello, 2014.
43 Keupp et al., 2013.
44 概要はDunham, 2018を参照されたい。
45 Haun & Over, 2015.
46 Hare et al., 2012.
47 Schelling, 1960.
48 Liebal et al., 2013.
49 Lewis, 1969.
50 Csibra & Gergely, 2009.
51 関連する証拠に関する概要はTomasello, 2016を参照されたい。
52 概要はSchmidt & Tomasello, 2012を参照されたい。
53 Schmidt et al., 2012.
54 Hardecker et al., 2017など。
55 Tomasello, 2020.
56 Tomasello, 2018.
57 Karmiloff-Smith, 1992.
58 Nagel, 1986.
59 Csibra & Gergely, 2009.
60 幼い子どもを対象とした実験は、Li et al., 2021を参照されたい。
61 Searle, 1995.
62 Harari, 2015.
63 Geertz, 1973など。
64 Rochat, 2021.
65 Wilson & Wilson, 2007.
66 List & Pettit, 2011.
67 List, 2019.

56 Koechlin & Summerfield, 2007.

57 Shea & Frith, 2019.

第6章

1 Maynard-Smith & Szathmáry, 1995.

2 Stiner, 2013.

3 Tomasello et al., 2012.

4 Baumard et al., 2013.

5 González-Forero & Gardner, 2018.

6 Duguid et al., 2014; Siposova et al., 2018.

7 Carpenter et al., 1998.

8 Tomonaga et al., 2004; Tomasello & Carpenter, 2005; Wolf & Tomasello, 2020a.

9 Gilbert, 2014.

10 Greenberg et al., 2010.

11 Hamann et al., 2012; Kachel & Tomasello, 2019.

12 Melis, Hare, & Tomasello, 2006.

13 Warneken et al., 2011; Hamann et al., 2011.

14 Fletcher et al., 2012.

15 Tomasello & Carpenter, 2005.

16 Tomasello, 2008.

17 Melis et al., 2009.

18 その証拠に関する概要はTomasello, 2008を参照されたい。

19 Tomasello, 2006.

20 Kachel et al., 2018.

21 Kachel et al., 2019.

22 Boesch, 1994; Melis et al., 2011; John et al., 2019.

23 Melis et al., 2013.

24 Rakoczy et al., 2016.

25 Gräfenhain et al., 2009.

26 Vaish et al., 2016.

27 Tomasello, 2020.

28 Bratman, 2014.

29 関連する証拠に関する概要はTomasello, 2014を参照されたい。

30 関連する証拠に関する概要はTomasello, 2016を参照されたい。

31 Wolf & Tomasello, 2020a, 2020b.

32 Bowles & Gintis, 2011.

22 Melis, Call, & Tomasello, 2006; Karg et al., 2015a.
23 このプロセスに関する詳細な研究は、Halina et al., 2013を参照されたい。
24 Liebal et al., 2004.
25 Call & Tomasello, 2007.
26 Bohn et al. (2016) も参照されたい。
27 Buttelmann et al., 2007.
28 Völter & Call, 2014.
29 Mulcahy & Call, 2006.
30 Heilbronner et al., 2008など。
31 Rosati & Hare, 2011; Romain et al., 2021.
32 Haun et al., 2011.
33 Gilby & Wrangham, 2007.
34 概観はRosati & Stevens, 2009; Rosati, 2017cを参照されたい。
35 Call & Carpenter, 2001; Call, 2010.
36 アカゲザルを用いて類似の結果を得た研究はBasile et al., 2015; Rosati & Santos, 2016を、また霊長類以外の哺乳類を用いて否定的な結果を得た研究はRoberts et al., 2012を参照されたい。
37 Bohn et al., 2017.
38 O'Madagain et al., submitted.
39 E. MacLean et al., 2014.
40 Amici et al., 2008.
41 Herrmann, Misch, Hernandez-Lloreda, & Tomasello, 2015.
42 Rosati et al., 2007.
43 Allritz et al., 2015.
44 Herrmann et al., 2015.
45 Herrmann & Tomasello, 2015.
46 Gordon, in press.
47 Baker et al., 2009など。
48 Karg et al., 2015b.
49 Kano et al., 2019.
50 Schmelz et al., 2013.
51 Santos et al., 2006などを参照されたい。
52 Dickinson, 2001.
53 Piaget, 1952.
54 Piaget, 1974.
55 Jensen et al., 2007.

43 Boucherie et al., 2019; E. Wilson, 2012.
44 Johnson-Ulrich & Holekamp, 2020.
45 E. MacLean et al., 2013.
46 Amici et al., 2008.
47 Dickinson, 2001.
48 ミショットの古典的な研究（Michotte, 1963）では、人間の被験者は、外界の複数の事象に時空間的な（１秒程度の）連続性が存在すれば、両者の因果的な結びつきを知覚した。同様な結果はラットでも得られている。
49 Boyd & Richerson, 1985.
50 Graziano, 2019.
51 Brown et al., 2019.
52 Piaget, 1976.

第5章

1 Kaas, 2013.
2 Smaers et al., 2017.
3 Begun, 2003, p.80.
4 これに関して、ヒトを対象とし、類人猿一般にも適用しうる議論はSterelny, 2004 を参照されたい。
5 Manrique et al., 2010.
6 McGrew, 2010.
7 Mendes et al., 2007.
8 Völter et al., 2015.
9 Hanus & Call, 2008.
10 Hanus & Call, 2011.
11 Tennie et al., 2019.
12 Völter et al., 2016.
13 Povinelli & Dunphy-Lelii, 2001.
14 Call, 2004.
15 Bermudez, 2003.
16 Call et al., 2004.
17 Hare et al., 2000, 2001.
18 Custance et al., 1995.
19 Tomasello & Carpenter, 2005.
20 Buttelmann et al., 2007.
21 Buttelmann et al., 2008.

10 Bruner, 1973.

11 Piaget, 1952.

12 リスの行動の柔軟性を確認できる、科学的とは言えないながら有益でおもしろい情報として、ユーチューブに多数あがっている、裏庭のリスが人間や人間が設置したバードフィーダーの裏をかく様子を映した動画を参照されたい。

13 Kahneman, 2011.

14 Clark, 2015など。

15 Chow et al, 2015.

16 Tolman, 1948.

17 Redish, 2016.

18 概観はSzabo et al., 2018を参照されたい。

19 Chow et al., 2019.

20 概観はKabadayi et al., 2018を参照されたい。

21 Redish, 2016; Juszczak & Miller, 2016.

22 Blaser & Ginchansky, 2012.

23 Crystal, 2013.

24 Foote & Crystal, 2007.

25 Templer et al., 2017.

26 Chow et al., 2019.

27 Smith et al., 1995.

28 この解釈を支持する、おもに霊長類を用いた研究として、Smith, 2009があげられる。

29 Heilbronner et al., 2008.

30 Stevens et al., 2005.

31 概要はKacelnik & Mouden, 2013を参照されたい。

32 Simon et al., 2009.

33 Todd & Gigerenzer, 2012など。

34 Hintze et al., 2015.

35 Cheney & Seyfarth, 1991.

36 Suddendorf et al., 2017.

37 Bratman, 1987.

38 Berkman et al., 2017.

39 E. MacLean et al., 2014.

40 Bray et al., 2014.

41 Chow et al., 2019.

42 E. Maclean et al., 2014.

16 Szabo, Noble & Whiting, 2019; Szabo & Whiting, 2020.
17 Aron et al., 2014.
18 Burghardt, 1966.
19 J. J. Gibson, 1977.
20 Uexküll, 1934, p.43.
21 これは、内的に表象された目標や価値によって駆動される、いわゆるトップダウンの注意である。もう一つの形態は、通常ボトムアップの注意と呼ばれ、たとえば無意識のうちに注意を引きつける騒音のような刺激によって駆動される。しかしボトムアップの注意は、生得的な目標や基準値によって駆動されると見なすこともできる。そう考えれば、私たちが突然の騒音に無意識のうちに注意を向けるのは、生存などの基本的な生物学的「目標」に関わる何かから騒音が生じたのか否かを迅速に見極められる個体が、自然選択されてきたからだということがわかるだろう。したがって無意識のうちに生じるボトムアップの注意すら、自然選択の観点からすれば目標に関連する作用だと言えるのである。
22 Davidson, 2001.
23 おそらく目標に関連する状況という観点から経験を構造化する方法が一種の先駆となって、人間は、命題によって経験を概念化するようになったのかもしれない。ウィトゲンシュタインが1921年に刊行した著書『論理哲学論考』の冒頭にある「世界は成立していることがらの総体である。世界は事実の総体であり、ものの総体ではない」(『論理哲学論考』野矢茂樹訳、岩波書店)という言葉は、そのことに言及しているのだろう。
24 Powers, 1973.
25 Möller, 2012.
26 Piaget, 1976.

第4章

1 Frijda, 1986.
2 P. MacLean, 1990.
3 Naumann, et al., 2015 など。
4 Molnár, 2011; Kaas, 2013.
5 Banich, 2009, p.89.
6 Diamond, 2013.
7 Braver, 2012, p.106.
8 Bratman, 1987.
9 Molnár, 2011; Kaas, 2013.

8 Yu & Dayan, 2005など。

9 Gigerenzer et al., 2011.

10 Juechems & Summerfield, 2019.

11 Wiener, 1948.

12 Ashby, 1952.

13 Miller et al., 1960.

14 Gershman et al., 2015など。

15 Bechtel & Bich, 2021.

16 Powers, 1973.

17 専門的に言えば、暖房装置の行動のような行動は、制御システムの外部で生じ、それ自体が制御の対象になる。したがって（3）のコンポーネントによってどの行動を実行するかが決定される。私は、それを行動に関する決定と呼んでいる。

18 Yu & Dayan, 2005など。

19 Rosati, 2017a.

20 Tomasello & Call, 1997.

21 Godfrey-Smith, 2016, 2020.

22 Bonner, 1988.

第3章

1 Lyon et al., 2021; Keijzer, 2021.

2 Yin & Knowlton, 2006.

3 Heinol & Martindale, 2008.

4 Scholz et al., 2017.

5 Hart, 2006.

6 Qin & Wheeler, 2007.

7 Scholz et al., 2017.

8 Godfrey-Smith, 2016.

9 Leal & Powell, 2012.

10 Qi et al., 2018; Szabo, Noble, Byrne, Tait & Whiting, 2019; Szabo, Noble & Whiting, 2019も参照されたい。

11 Cooper et al., 2007

12 Wilkinson & Huber, 2012, p.141; Szabo et al., in pressも参照されたい。

13 Suboski, 1992, abstract.

14 Szabo, Noble, Byrne et al., 2019; Szabo & Whiting, 2020.

15 Szabo et al., 2018.

原注

第1章

1 Okasha, 2018.
2 Bradley, 2020.
3 Wilson, 1975.
4 Skinner, 1966など。
5 Tomasello & Call, 1997.
6 Santos & Rosati, 2015; Mendelson et al., 2016.
7 Rosati, 2017aなど。
8 Rosati, 2017b, 2017c.
9 Dawkins, 1976.
10 ウィルソンの試みに対するもっとも声高な批判は、政治的な色合いを帯びている。20世紀前半のアメリカやドイツにおける人種差別主義や優生学の歴史に鑑みると、人間の社会的行動には遺伝的基盤があるとする提言は、政治的な爆弾発言とも言える。
11 Winterhalder & Smith, 2000など。
12 Tooby & Cosmides, 1992, 2005.
13 Richerson & Boyd, 2005; Henrich, 2016.
14 Tomasello et al., 2012; Tomasello, 2014, 2016など。
15 Kahneman, 2011など。
16 Gigerenzer et al., 1999, 2001など。
17 Egner, 2017など。

第2章

1 Walsh, 2015など。
2 Sterelny, 2001も参照されたい。
3 Lea et al., 2020.
4 Miller, Galanter & Pribram, 1960など。
5 Gigerenzer et al., 2011など。
6 Egner, 2017など。
7 Gershman et al., 2015など。

Child Psychology, 199, 104930.

Wolf, W., & Tomasello, M. (2020b). Watching a video together creates social closeness between children and adults. *Journal of Experimental Child Psychology*, 189, 104712.

Yin, H. H., & Knowlton, B. J. (2006). The role of the basal ganglia in habit formation. *Nature Reviews Neuroscience*, 7(6), 464–476.

Yu, A. J., and Dayan, P. (2005). Uncertainty, neuromodulation, and attention. *Neuron*, 46, 681–692.

Völter, C. J., Rossano, F., & Call, J. (2015). From exploitation to cooperation: Social tool use in orang-utan mother-offspring dyads. *Animal Behaviour*, 100, 126–134.

Völter, C. J., Sentís, I., & Call, J. (2016). Great apes and children infer causal relations from patterns of variation and covariation. *Cognition*, 155, 30–43.

von Uexküll, J. (1934/2010). *A foray into the worlds of animals and humans: With a theory of meaning* (J. D. O'Neil, Trans.). Minneapolis: University of Minnesota Press. ［ユクスキュル／クリサート『生物から見た世界』日高敏隆・羽田節子訳、2005年、岩波書店］

von Uexküll, J. (1909). *Umwelt und Innenwelt der Tiere*. Berlin: Springer. ［ヤーコプ・フォン・ユクスキュル『動物の環境と内的世界』前野佳彦訳、2012年、みすず書房］

Walsh, D. M. (2015). *Organisms, agency, and evolution*. Cambridge: Cambridge University Press.

Warneken, F., Lohse, K., Melis, A. P., & Tomasello, M. (2011). Young children share the spoils after collaboration. *Psychological Science*, 22(2), 267–273.

Wiener, N. (1948). *Cybernetics: Or control and communication in the animal and the machine*. Cambridge, MA: MIT Press. ［ウィーナー『サイバネティックス』池原止戈夫・彌永昌吉・室賀三郎・戸田巌訳、2011年、岩波書店］

Wilkinson, A., & Huber, L. (2012). Cold-blooded cognition: Reptilian cognitive abilities. In J. Vonk & T. K. Shackelford (Eds.), *The Oxford handbook of comparative evolutionary psychology* (pp.129–143). Oxford: Oxford University Press.

Wilson, D. S., & Wilson, E. O. (2007). Rethinking the theoretical foundation of sociobiology. *Quarterly Review of Biology*, 82(4), 327–348.

Wilson, E. O. (1975). *Sociobiology: The new synthesis*. Cambridge, MA: Harvard University Press. ［エドワード・O・ウィルソン『社会生物学』伊藤嘉昭監修、坂上昭一ほか訳、1999年、新思索社］

Wilson, E. O. (2012). *The social conquest of earth*. New York: W. W. Norton. ［エドワード・O・ウィルソン『人類はどこから来て、どこへ行くのか』斉藤隆央訳、2013年、化学同人］

Winterhalder, B., & Smith, E. A. (2000). Analyzing adaptive strategies: Human behavioral ecology at twenty-five. *Evolutionary Anthropology: Issues, News, and Reviews*, 9(2), 51–72.

Wittgenstein, L. (1921). *Tractatus logico-philosophicus*. Abingdon: Routledge. ［ウィトゲンシュタイン『論理哲学論考』野矢茂樹訳、2003年、岩波書店ほか］

Wolf, W., & Tomasello, M. (2020a). Human children, but not great apes, become socially closer by sharing an experience in common ground. *Journal of Experimental*

University Press. ［マイケル・トマセロ『道徳の自然誌』中尾央訳、2020年、勁草書房］

Tomasello, M. (2018). How children come to understand false beliefs: A shared intentionality account. *Proceedings of the National Academy of Sciences*, 115(34), 8491–8498.

Tomasello, M. (2020). The moral psychology of obligation. *Behavioral and Brain Sciences*, 43(e56), 1–58.

Tomasello, M., & Call, J. (1997). *Primate cognition.* New York: Oxford University Press.

Tomasello, M., & Carpenter, M. (2005). The emergence of social cognition in three young chimpanzees. *Monographs of the Society for Research in Child Development*, 70(1), vii–132.

Tomasello, M., Melis, A. P., Tennie, C., Wyman, E., & Herrmann, E. (2012). Two key steps in the evolution of human cooperation: The interdependence hypothesis. *Current Anthropology*, 53(6), 673–692.

Tomonaga, M., Myowa-Yamakoshi, M., Mizuno, Y., Okamoto, S., Yamaguchi, M., Kosugi, D., Bard, K., Tanaka, M., and Matsuzawa, T. (2004). Development of social cognition in infant chimpanzees (*Pan troglodytes*): Face recognition, smiling, gaze and the lack of triadic interactions. *Japanese Psychological Research*, 46, 227–235.

Tooby, J., & Cosmides, L. (1992). The psychological foundations of culture. In J. H. Barkow, L. Cosmides, & J. Tooby (Eds.), *The adapted mind: Evolutionary psychology and the generation of culture* (pp.19–136). Oxford: Oxford University Press.

Tooby, J., & Cosmides, L. (2005). Conceptual foundations of evolutionary psychology. In D. Buss (Ed.), *The handbook of evolutionary psychology* (pp.5–67). Hoboken, NJ: Wiley.

Turchin, P. (2016). *Ultrasociety: How 10,000 years of war made humans the greatest cooperators on earth*. Chaplin, CT: Beresta Books.

Vaish, A., Carpenter, M., & Tomasello, M. (2016). The early emergence of guilt-motivated prosocial behavior. *Child Development*, 87, 1772–1782.

Veissière, S., Constant, A., Ramstead, M., Friston, K., & Kirmayer, L. (2019). Thinking through other minds: A variational approach to cognition and culture. *Behavioral and Brain Sciences*, 43(e90), 1–75.

Völter, C. J., & Call, J. (2014). Younger apes and human children plan their moves in a maze task. *Cognition*, 130(2), 186–203.

Szabo, B., Noble, D. W., Byrne, R. W., Tait, D. S., & Whiting, M. J. (2018). Subproblem learning and reversal of a multidimensional visual cue in a lizard: Evidence for behavioural flexibility? *Animal Behaviour*, 144, 17–26.

Szabo, B., Noble, D. W., Byrne, R. W., Tait, D. S., & Whiting, M. J. (2019). Precocial juvenile lizards show adult level learning and behavioural flexibility. *Animal Behaviour*, 154, 75–84.

Szabo, B., Noble, D. W., & Whiting, M. J. (2019). Context-specific response inhibition and differential impact of a learning bias in a lizard. *Animal Cognition*, 22, 317–329.

Szabo, B., Noble, D. W., & Whiting, M. J. (in press). Non-avian reptile learning 40 years on: Advances, promises and potential. *Biological Reviews*.

Szabo, B., & Whiting, M. J. (2020). Do lizards have enhanced inhibition? A test in two species differing in ecology and sociobiology. *Behavioural Processes*, 172, 104043.

Templer, V. L., Lee, K. A., & Preston, A. J. (2017). Rats know when they remember: Transfer of metacognitive responding across odor-based delayed match-to-sample tests. *Animal Cognition*, 20(5), 891–906.

Tennie, C., Völter, C. J., Vonau, V., Hanus, D., Call, J., & Tomasello, M. (2019). Chimpanzees use observed temporal directionality to learn novel causal relations. *Primates*, 60(6), 517–524.

Thomas, R. K. (1980). Evolution of intelligence: An approach to its assessment. *Brain, Behavior and Evolution*, 17(6), 454–472.

Todd, P. M., & Gigerenzer, G. E. (2012). *Ecological rationality: Intelligence in the world*. Oxford: Oxford University Press.

Tolman, E. C. (1948). Cognitive maps in rats and men. *Psychological Review*, 55(4), 189–208.

Tomasello, M. (2006). Why don't apes point? In N. Enfield & S. Levinson (Eds.), *Roots of human sociality: Culture, cognition and interaction* (pp. 506–524). Oxford: Berg.

Tomasello, M. (2008). *Origins of human communication*. Cambridge, MA: MIT Press.［マイケル・トマセロ『コミュニケーションの起源を探る』松井智子・岩田彩志訳、2013年、勁草書房］

Tomasello, M. (2014). *A natural history of human thinking*. Cambridge, MA: Harvard University Press.［マイケル・トマセロ『思考の自然誌』橋彌和秀訳、2021年、勁草書房］

Tomasello, M. (2016). *A natural history of human morality*. Cambridge, MA: Harvard

Directions in Psychological Science, 21, 232–236.

Scholz, M., Dinner, A. R., Levine, E., & Biron, D. (2017). Stochastic feeding dynamics arise from the need for information and energy. *Proceedings of the National Academy of Sciences*, 114(35), 9261–9266.

Searle, J. (1995). *The construction of social reality*. New York: Free Press.

Shea, N., & Frith, C. (2019). The global workspace needs metacognition. *Trends in Cognitive Sciences*, 23, 560–571.

Simon, N. W., Gilbert, R. J., Mayse, J. D., Bizon, J. L., & Setlow, B. (2009). Balancing risk and reward: A rat model of risky decision-making. *Neuropsychopharmacology*, 34(10), 2208–2217.

Siposova, B., Tomasello, M., & Carpenter, M. (2018). Communicative eye contact signals a commitment to cooperate for young children. *Cognition*, 179, 192–201.

Skinner, B. F. (1966). The phylogeny and ontogeny of behavior. *Science*, 153, 1205–1213.

Smaers, J. B., Gómez-Robles, A., Parks, A. N., & Sherwood, C. C. (2017). Exceptional evolutionary expansion of prefrontal cortex in great apes and humans. *Current Biology*, 27(5), 714–720.

Smith, J. D. (2009). The study of animal metacognition. *Trends in Cognitive Sciences*, 13(9), 389–396.

Smith, J. D., Schull, J., Strote, J., McGee, K., Egnor, R., & Erb, L. (1995). The uncertain response in the bottlenosed dolphin (*Tursiops truncatus*). *Journal of Experimental Psychology: General*, 124(4), 391–408.

Sterelny, K. (2001). *The evolution of agency and other essays*. Cambridge: Cambridge University Press.

Sterelny, K. (2004). *Thought in a hostile world*. Hoboken, NJ: Blackwell.

Stevens, J. R., Rosati, A. G., Ross, K. R., & Hauser, M. D. (2005). Will travel for food: Spatial discounting and reward magnitude in two New World monkeys. *Current Biology*, 15, 1855–1860.

Stiner, M. C. (2013). An unshakable Middle Paleolithic? Trends versus conservatism in the predatory niche and their social ramifications. *Current Anthropology*, 54(S8), S288–S304.

Suboski, M. D. (1992). Releaser-induced recognition learning by amphibians and reptiles. *Animal Learning and Behavior*, 20(1), 63–82.

Suddendorf, T., Crimston, J., & Redshaw, J. (2017). Preparatory responses to socially determined, mutually exclusive possibilities in chimpanzees and children. *Biology Letters*, 13, 20170170.

Rochat, P. (2021). *Moral acrobatics*. Oxford: Oxford University Press.

Roberts, W., McMillan, N., Musolino, E., & Cole, M. (2012). Information seeking in animals: Metacognition. *Comparative Cognition and Behavior Reviews*, 7, 85–109.

Romain, A., Broihanne, M.-H., De Marco, A., Ngoubangoye, B., Call, J., Rebout, N., & Dufour, V. (2021). Non-human primates use combined rules when deciding under ambiguity. *Philosophical Transactions of the Royal Society B: Biological Sciences*.

Rosati, A. G. (2017a). Foraging cognition: Reviving the ecological intelligence hypothesis. *Trends in Cognitive Sciences*, 21, 691–702.

Rosati, A. G. (2017b). The evolution of primate executive function: From response control to strategic decision-making. In J. Kaas & L. Krubitzer (Eds.), *Evolution of Nervous Systems* (Vol. 3, pp. 423–437). Amsterdam: Elsevier.

Rosati, A. G. (2017c). Decision-making under uncertainty: Preferences, biases, and choice. In *APA handbook of comparative psychology: Perception, learning, and cognition* (Vol. 2, pp. 329–357). American Psychological Association.

Rosati, A. G., & Hare, B. (2011). Chimpanzees and bonobos distinguish between risk and ambiguity. *Biology Letters*, 7(1), 15–18.

Rosati, A. G., & Santos, L. R. (2016). Spontaneous metacognition in rhesus monkeys. *Psychological Science*, 27(9), 1181–1191.

Rosati, A. G., & Stevens, J. R. (2009). The adaptive nature of context-dependent choice. In S. Watanabe, A. Young, L. Huber, A. Blaisdell, & Y. Yamazaki (Eds.), *Rational Animal, Irrational Human* (pp.101–117). Tokyo: Keio University Press.

Rosati, A. G., Stevens, J. R., Hare, B., & Hauser, M. D. (2007). The evolutionary origins of human patience: Temporal preferences in chimpanzees, bonobos, and human adults. *Current Biology*, 17, 1663–1668.

Santos, L. R., Nissen, A. G., & Ferrugia, J. A. (2006). Rhesus monkeys know what others can and cannot hear. *Animal Behaviour*, 71, 1175–1181.

Santos, L. R., & Rosati, A. G. (2015). The evolutionary roots of human decision-making. *Annual Review of Psychology*, 66, 321–347.

Schelling, T. C. (1960). *The strategy of conflict*. Cambridge, MA: Harvard University Press.［トーマス・シェリング『紛争の戦略』河野勝監訳、2008年、勁草書房］

Schmelz, M., Call, J., & Tomasello, M. (2013). Chimpanzees predict that a competitor's preference will match their own. *Biology Letters*, 9(1), 20120829.

Schmidt, M. F. H., Rakoczy, H., & Tomasello, M. (2012). Young children enforce social norms selectively depending on the violator's group affiliation. *Cognition*, 124(3), 325–333.

Schmidt, M., & Tomasello, M. (2012). Young children enforce social norms. *Current*

Evolution, 78(1), 94–107.

Mulcahy, N. J., & Call, J. (2006). Apes save tools for future use. *Science*, 312, 1038–1040.

Nagel, T. (1986). *The view from nowhere*. Oxford: Oxford University Press.［トマス・ネーゲル『どこでもないところからの眺め』中村昇・山田雅大・岡山敬二・齋藤宜之・新海太郎・鈴木保早訳、2009年、春秋社］

Naumann, R. K., Ondracek, J. M., Reiter, S., Shein-Idelson, M., Tosches, M. A., Yamawaki, T. M., & Laurent, G. (2015). The reptilian brain. *Current Biology*, 25(8), R317–R321.

Okasha, S. (2018). *Agents and goals in evolution*. Oxford: Oxford University Press.

O'Madagain, C., Schmidt, M., Call, J., Helming, K., Shupe, E., & Tomasello, M. (in press). Apes and children rationally monitor their decisions—but differently. *Proceedings of the Royal Society B*.

Peirce, C. S. (1931). *Collected papers of Charles Sanders Peirce* (C. Hartshorne & P. Weiss, Eds.) (Vol. 1). Cambridge, MA: Harvard University Press.

Piaget, J. (1952). *The origins of intelligence in children*. New York: Norton.［J．ピアジェ『知能の誕生（新装版）』谷村覚・浜田寿美男訳、2022年、ミネルヴァ書房］

Piaget, J. (1974). *Understanding causality*. New York: Norton.

Piaget, J. (1976). *Le comportement, moteur de l'évolution* (Vol. 354). Paris: Gallimard.［ジャン・ピアジェ『行動と進化』芳賀純訳、1987年、紀伊國屋書店］

Povinelli, D. J., & Dunphy-Lelii, S. (2001). Do chimpanzees seek explanations? Preliminary comparative investigations. *Canadian Journal of Experimental Psychology*, 55(2), 185.

Powers, W. (1973). *Behavior: The control of perception*. Chicago: Aldine.

Qi, Y., Noble, D. W., Fu, J., & Whiting, M. J. (2018). Testing domain general learning in an Australian lizard. *Animal Cognition*, 21(4), 595–602.

Qin, J., & Wheeler, A. R. (2007). Maze exploration and learning in *C. elegans*. *Lab on a Chip*, 7(2), 186–192.

Rakoczy, H., Kaufmann, M., & Lohse, K. (2016). Young children understand the normative force of standards of equal resource distribution. *Journal of Experimental Child Psychology*, 150, 396–403.

Redish, A. D. (2016). Vicarious trial and error. *Nature Reviews Neuroscience*, 17(3), 147–159.

Richerson, P. J., & Boyd, R. (2005). *Not by genes alone: How culture transformed human evolution*. Chicago: University of Chicago Press.

205–220.
Many Primates. (2019b). Establishing an infrastructure for collaboration in primate cognition research. *PLOS ONE*, 14(10), e0223675.
Maynard-Smith, J., & Szathmáry, E. (1995). *The major transitions in evolution*. Oxford: Oxford University Press.［J．メイナード・スミス、E．サトマーリ『進化する階層』長野敬訳、1997年、シュプリンガー・フェアラーク東京］
McGrew, W. C. (2010). Chimpanzee technology. *Science*, 328(5978), 579–580.
McKinney, M. A., Schlesinger, C. A., & Pavey, C. R. (2014). Foraging behaviour of the endangered Australian skink (*Liopholis slateri*). *Australian Journal of Zoology*, 62(6), 477–482.
Mead, G. H. (1934). *Mind, self, and society*. Chicago: University of Chicago Press.［G・H・ミード『精神・自我・社会』山本雄二訳、2021年、みすず書房］
Melis, A., Altricher, K., Schneider, A., & Tomasello, M. (2013). Allocation of resources to collaborators and free-riders by 3-year-olds. *Journal of Experimental Child Psychology*, 114, 364–370.
Melis, A. P., Call, J., & Tomasello, M. (2006). Chimpanzees (*Pan troglodytes*) conceal visual and auditory information from others. *Journal of Comparative Psychology*, 120(2), 154–162.
Melis, A. P., Hare, B., & Tomasello, M. (2006). Engineering cooperation in chimpanzees: Tolerance constraints on cooperation. *Animal Behaviour*, 72(2), 275–286.
Melis, A. P., Hare, B., & Tomasello, M. (2009). Chimpanzees coordinate in a negotiation game. *Evolution and Human Behavior*, 30(6), 381–392.
Melis, A., Schneider, A., & Tomasello, M. (2011). Chimpanzees share food in the same way after individual and collaborative food acquisition. *Animal Behaviour*, 82, 485–493.
Mendelson, T. C., Fitzpatrick, C. L., Hauber, M. E., Pence, C. H., Rodríguez, R. L., Safran, R. J., et al. (2016). Cognitive phenotypes and the evolution of animal decisions. *Trends in Ecology and Evolution*, 31(11), 850–859.
Mendes, N., Hanus, D., & Call, J. (2007). Raising the level: Orangutans use water as a tool. *Biology Letters*, 3(5), 453–455.
Michotte, A. (1963). *The perception of causality*. New York: Basic Books.
Miller, G. A., Galanter, E., & Pribram, K. H. (1960). *Plans and the structure of beh*avior. New York: Holt.
Möller, R. (2012). A model of ant navigation based on visual prediction. *Journal of Theoretical Biology*, 305, 118–130.
Molnár, Z. (2011). Evolution of cerebral cortical development. *Brain, Behavior and*

Lea, S. E., Chow, P. K., Leaver, L. A., & McLaren, I. P. (2020). Behavioral flexibility: A review, a model, and some exploratory tests. *Learning and Behavior*, 48, 1–15.

Leal, M., & Powell, B. J. (2012). Behavioural flexibility and problem-solving in a tropical lizard. *Biology Letters*, 8(1), 28–30.

Lewis, D. (1969). *Convention*. Cambridge, MA: Harvard University Press. ［デイヴィド・ルイス『コンヴェンション』瀧澤弘和訳、2021年、慶應義塾大学出版会］

Li, L., Britvan, B., & Tomasello, M. (2021). Young children conform more to norms than to preferences. *PLOS ONE*, 16(5), e0251228.

Liebal, K., Carpenter, M., & Tomasello, M. (2013). Young children's understanding of cultural common ground. *British Journal of Developmental Psychology*, 31(1), 88–96.

Liebal, K., Pika, S., Call, J., & Tomasello, M. (2004). To move or not to move: How apes adjust to the attentional state of others. *Interaction Studies*, 5, 199–219.

List, C. (2019). *Why free will is real*. Cambridge, MA: Harvard University Press.

List, C., & Pettit, P. (2011). *Group agency*. Oxford: Oxford University Press.

Lohmann, H., & Tomasello, M. (2003). The role of language in the development of false belief understanding: A training study. *Child Development*, 74(4), 1130–1144.

Lyon, P., Keijzer, F., Arendt, D., & Levin, M. (2021). Reframing cognition: Getting down to biological basics. *Philosophical Transactions of the Royal Society B: Biological Science*s, 376, 20190750.

MacLean, E. L., Hare, B., Nunn, C. L., Addessi, E., Amici, F., Anderson, R. C., et al. (2014). The evolution of self-control. *Proceedings of the National Academy of Sciences*, 111(20), E2140–E2148.

MacLean, E., Sandel, A., Bray, J., Oldenkamp, R., Reddy, R., & Hare, B. (2013). Group size predicts social but not nonsocial cognition in lemurs. *PLOS ONE*, 8(6), e66359.

MacLean, P. D. (1990). *The triune brain in evolution: Role in paleocerebral functions*. New York: Springer Science and Business Media.

Mäki-Marttunen, V., Hagen, T., & Espeseth, T. (2019). Proactive and reactive modes of cognitive control can operate independently and simultaneously. *Acta Psychologica*, 199, 102891.

Manrique, H. M., Gross, A. N. M., & Call, J. (2010). Great apes select tools on the basis of their rigidity. *Journal of Experimental Psychology: Animal Behavior Processes*, 36(4), 409–422.

Many Primates. (2019a). Collaborative open science as a way to reproducibility and new insights in primate cognition research. *Japanese Psychological Review* 62(3),

Cognitive Sciences, 23(10), 836–850.

Juszczak, G. R., & Miller, M. (2016). Detour behavior of mice trained with transparent, semitransparent and opaque barriers. *PLOS ONE*, 11(9), e0162018.

Kaas, J. H. (2013). The evolution of brains from early mammals to humans. *Wiley Interdisciplinary Reviews: Cognitive Science*, 4(1), 33–45.

Kabadayi, C., Bobrowicz, K., & Osvath, M. (2018). The detour paradigm in animal cognition. *Animal Cognition*, 21(1), 21–35.

Kacelnik, A., & El Mouden, C. (2013). Triumphs and trials of the risk paradigm. *Animal Behaviour*, 86(6), 1117–1129.

Kachel, U., Svetlova, M., & Tomasello, M. (2018). Three-year-olds' reactions to a partner's failure to perform her role in a joint commitment. *Child Development*, 89, 1691–1703.

Kachel, U., Svetlova, M., & Tomasello, M. (2019). Three- and 5-year-old children's understanding of how to dissolve a joint commitment. *Journal of Experimental Child Psychology*, 184, 34–47.

Kachel, U., & Tomasello, M. (2019). 3- and 5-year-old children's adherence to explicit and implicit joint commitments. *Developmental Psychology*, 55, 80–88.

Kahneman, D. (2011). *Thinking, fast and slow*. New York: Macmillan. [ダニエル・カーネマン『ファスト＆スロー』村井章子訳、2012年、早川書房]

Kano, F., Krupenye, C., Hirata, S., Tomonaga, M., & Call, J. (2019). Great apes use self-experience to anticipate an agent's action in a false-belief test. *Proceedings of the National Academy of Sciences*, 116(42), 20904–20909.

Karg, K., Schmelz, M., Call, J., & Tomasello, M. (2015a). Chimpanzees strategically manipulate what others can see. *Animal Cognition*, 18, 1069–1076.

Karg, K., Schmelz, M., Call, J., & Tomasello, M. (2015b). The goggles experiment: Can chimpanzees use self-experience to infer what a competitor can see? *Animal Behaviour*, 105, 211–221.

Karmiloff-Smith, A. (1992). *Beyond modularity: A developmental perspective on cognitive science*. Cambridge, MA: MIT Press. [A．カミロフ－スミス『人間発達の認知科学』小島康次・小林好和監訳、1997年、ミネルヴァ書房]

Keijzer, F. (2021). Demarcating cognition: The cognitive life sciences. *Synthese*, 198 (Suppl. 1), S137–S157.

Keupp, S., Behne, T., & Rakoczy, H. (2013). Why do children overimitate? Normativity is crucial. *Journal of Experimental Child Psychology*, 116(2), 392–406.

Koechlin, E., & Summerfield, C. (2007). An information theoretical approach to prefrontal executive function. *Trends in Cognitive Sciences*, 11, 229–235.

Research Community.

Haun, D. B., Nawroth, C., & Call, J. (2011). Great apes' risk-taking strategies in a decision making task. *PLOS ONE*, 6(12), e28801.

Haun, D., & Over, H. (2015). Like me: A homophily-based account of human culture. In T. Breyer (Ed.), *Epistemological dimensions of evolutionary psychology* (pp. 117–130). New York: Springer.

Haun, D., & Tomasello, M. (2011). Conformity to peer pressure in preschool children. *Child Development*, 82, 1759–1767.

Haun, D., & Tomasello, M. (2014). Children conform to the behavior of peers; great apes stick with what they know. *Psychological Science*, 25, 2160–2167.

Heilbronner, S. R., Rosati, A. G., Stevens, J. R., Hare, B., & Hauser, M. D. (2008). A fruit in the hand or two in the bush? Divergent risk preferences in chimpanzees and bonobos. *Biology Letters*, 4(3), 246–249.

Heinol, A., & Martindale, M. Q. (2008). Acoel development supports a simple planula-like urbilaterian. *Philosophical Transactions of the Royal Society B: Biological Sciences*, 363(1496), 1493–1501.

Henrich, J. (2016). *The secret of our success: How culture is driving human evolution, domesticating our species, and making us smarter*. Princeton, NJ: Princeton University Press.［ジョセフ・ヘンリック『文化がヒトを進化させた』今西康子訳、2019年、白揚社］

Herrmann, E., Misch, A., Hernandez-Lloreda, V., & Tomasello, M. (2015). Uniquely human self-control begins at school age. *Developmental Science*, 18(6), 979–993.

Herrmann, E., & Tomasello, M. (2015). Focusing and shifting attention in human children (*Homo sapiens*) and chimpanzees (*Pan troglodytes*). *Journal of Comparative Psychology*, 129(3), 268–274.

Hintze, A., Olson, R. S., Adami, C., & Hertwig, R. (2015). Risk sensitivity as an evolutionary adaptation. *Scientific Reports*, 5, 8242.

James, W. (1890). *The principles of psychology* (Vol. 1). New York: Holt.

Jensen, K., Call, J., & Tomasello, M. (2007). Chimpanzees are rational maximizers in an ultimatum game. *Science*, 318, 107–109.

John, M., Duguid, S., Tomasello, M., & Melis, A. P. (2019). How chimpanzees (*Pan troglodytes*) share the spoils with collaborators and bystanders. *PLOS ONE* 14(9), e0222795.

Johnson-Ulrich, L., & Holekamp, K. E. (2020). Group size and social rank predict inhibitory control in spotted hyaenas. *Animal Behaviour*, 160, 157–168.

Juechems, K., & Summerfield, C. (2019). Where does value come from? *Trends in*

of human brain-size evolution. *Nature*, 557, 554–557.

Gordon, R. (in press). Simulation, predictive coding, and the shared world. In K. Ochsner & M. Gilead (Eds.), *The neural basis of mentalizing*. Springer.

Gräfenhain, M., Behne, T., Carpenter, M., & Tomasello, M. (2009). Young children's understanding of joint commitments. *Developmental Psychology*, 45, 1430–1443.

Graziano, M. S. (2019). *Rethinking consciousness*. New York: Norton.［マイケル・グラツィアーノ『意識はなぜ生まれたか』鈴木光太郎訳、2022年、白揚社］

Greenberg, J. R., Hamann, K., Warneken, F., & Tomasello, M. (2010). Chimpanzee helping in collaborative and non-collaborative contexts. *Animal Behaviour*, 80(5), 873–880.

Gunz, P., Tilot, A. K., Wittfeld, K., Teumer, A., Shapland, C. Y., Van Erp, T. G., et al. (2019). Neandertal introgression sheds light on modern human endocranial globularity. *Current Biology*, 29(1), 120–127.

Halina, M., Rossano, F., & Tomasello, M. (2013). The ontogenetic ritualization of bonobo gestures. *Animal Cognition*, 16, 653–666.

Hamann, K., Warneken, F., Greenberg, J. R., & Tomasello, M. (2011). Collaboration encourages equal sharing in children but not in chimpanzees. *Nature*, 476(7360), 328–331.

Hamann, K., Warneken, F., & Tomasello, M. (2012). Children's developing commitments to joint goals. *Child Development*, 83, 137–145.

Hanus, D., & Call, J. (2008). Chimpanzees infer the location of a reward on the basis of the effect of its weight. *Current Biology*, 18(9), R370–R372.

Hanus, D., & Call, J. (2011). Chimpanzee problem-solving: Contrasting the use of causal and arbitrary cues. *Animal Cognition*, 14(6), 871–878.

Harari, Y. N. (2015). *What explains the rise of humans?* [Video]. TEDGlobal London.

Hardecker, S., Schmidt, M. F., & Tomasello, M. (2017). Children's developing understanding of the conventionality of rules. *Journal of Cognition and Development*, 18(2), 163–188.

Hare, B., Call, J., Agnetta, B., & Tomasello, M. (2000). Chimpanzees know what conspecifics do and do not see. *Animal Behaviour*, 59, 771–785.

Hare, B., Call, J., & Tomasello, M. (2001). Do chimpanzees know what conspecifics know? *Animal Behaviour*, 61(1), 139–151.

Hare, B., Wobber, V., & Wrangham, R. (2012). The self-domestication hypothesis: Evolution of bonobo psychology is due to selection against aggression. *Animal Behaviour*, 83(3), 573–585.

Hart, A. (2006). Behavior. In Victor Ambros (Ed.), *WormBook*. The C. elegans

Duguid, S., Wyman, E., Bullinger, A. F., Herfurth, K., & Tomasello, M. (2014). Coordination strategies of chimpanzees and human children in a stag hunt game. *Proceedings of the Royal Society B: Biological Sciences*, 281(1796), 20141973.

Dunham, Y. (2018). Mere membership. *Trends in Cognitive Sciences*, 22(9), 780–793.

Egner, T. (2017). *The Wiley handbook of cognitive control*. Hoboken, NJ: Wiley-Blackwell.

Fletcher, G., Warneken, F., & Tomasello, M. (2012). Differences in cognitive processes underlying the collaborative activities of children and chimpanzees. *Cognitive Development*, 27(2), 136–153.

Foote, A. L., & Crystal, J. D. (2007). Metacognition in the rat. *Current Biology*, 17(6), 551–555.

Frijda, N. (1986). *The emotions*. Cambridge: Cambridge University Press.

Geertz, C. (1973). *The interpretation of cultures*. New York: Basic Books.［C・ギアーツ『文化の解釈学』吉田禎吾・柳川啓一・中牧弘允・板橋作美訳、1987年、岩波書店］

Gershman, S. J., Horvitz, E. J., & Tenenbaum, J. B. (2015). Computational rationality: A converging paradigm for intelligence in brains, minds, and machines. *Science*, 349, 273–278.

Gibson, J. J. (1977). The concept of affordances. In R. Shaw & J. Bransford (Eds.), *Perceiving, acting, and knowing* (pp.67–82). Hillsdale, NJ: Lawrence Erlbaum.

Gigerenzer, G., Hertwig, R., & Pachur, T. (2011). *Heuristics: The foundation of adaptive behavior*. Oxford: Oxford University Press.

Gigerenzer, G., & Selten, R. (2001). *Bounded rationality: The adaptive toolbox*. Cambridge, MA: MIT Press.

Gigerenzer, G., & Todd, P. (1999). *Simple heuristics that make us smart*. Oxford: Oxford University Press.

Gilbert, M. (2014). *Joint commitment: How we make the social world*. New York: Oxford University Press.

Gilby, I. C., & Wrangham, R. W. (2007). Risk-prone hunting by chimpanzees (*Pan troglodytes schweinfurthii*) increases during periods of high diet quality. *Behavioral Ecology and Sociobiology*, 61(11), 1771–1779.

Godfrey-Smith, P. (2016). *Other minds: The octopus, the sea, and the deep origins of consciousness*. New York: Farrar, Straus and Giroux.［ピーター・ゴドフリー＝スミス『タコの心身問題』夏目大訳、2018年、みすず書房］

Godfrey-Smith, P. (2020). *Metazoa: Animal life and the birth of the mind*. New York: Farrar, Straus and Giroux.

González-Forero, M., & Gardner, A. (2018). Inference of ecological and social drivers

Coqueugniot, H., Hublin, J.-J., Veillon, F., Houet, F., & Jacob, T. (2004). Early brain growth in *Homo erectus* and implications for cognitive ability. *Nature*, 231, 299–302.

Crystal, J. (2013). Remembering the past and planning for the future in rats. *Behavioural Processes*, 93, 39–49.

Csibra, G., & Gergely, G. (2009). Natural pedagogy. *Trends in Cognitive Sciences*, 13(4), 148–153.

Custance, D. M., Whiten, A., & Bard, K. A. (1995). Can young chimpanzees (*Pan troglodytes*) imitate arbitrary actions? Hayes & Hayes (1952) revisited. *Behaviour*, 132(11–12), 837–859.

Darwin, C. (1859). *On the origin of species*. London: John Murray.［チャールズ・ダーウィン『種の起源』渡辺政隆訳、2009年、光文社ほか］

Darwin, C. (1871). *The descent of man and selection in relation to sex*. Facsimile of the first edition, ed. Princeton University Press. Original edition, John Murray, London, 1871.［チャールズ・ダーウィン『人間の由来』長谷川眞理子訳、2016年、講談社ほか］

Davidson, D. (2001). *Subjective, intersubjective, objective*. Oxford: Oxford University Press.［ドナルド・デイヴィドソン『主観的、間主観的、客観的』清塚邦彦・柏端達也・篠原成彦訳、2007年、春秋社］

Dawkins, R. (1976). *The selfish gene*. Oxford: Oxford University Press.［リチャード・ドーキンス『利己的な遺伝子（40周年記念版）』日高敏隆・岸由二・羽田節子・垂水雄二訳、2018年、紀伊國屋書店］

Dawkins, R. (1986). *The blind watchmaker*. New York: Norton.［リチャード・ドーキンス『盲目の時計職人』日高敏隆監修、中嶋康裕・遠藤彰・遠藤知二・疋田努訳、2004年、早川書房］

Dewey, J. (1896). The reflex arc concept in psychology. *Psychological Review*, 3(4), 357–370.

Dewey, J. (1916). *Democracy and education: An introduction to the philosophy of education*. New York: Macmillan.［J・デューイ『民主主義と教育』松野安男訳、1975年、岩波書店ほか］

Diamond, A. (2013). Executive functions. *Annual Review of Psychology*, 64, 135–168.

Dickinson, A. (2001). Causal learning: An associative analysis (the 28th Bartlett Memorial Lecture). *Quarterly Journal of Experimental Psychology*, 54B, 3–25.

Donahue, C. J., Glasser, M. F., Preuss, T. M., Rilling, J. K., & Van Essen, D. C. (2018). Quantitative assessment of prefrontal cortex in humans relative to nonhuman primates. *Proceedings of the National Academy of Sciences*, 115(22), E5183–E5192.

Buttelmann, D., Carpenter, M., Call, J., & Tomasello, M. (2007). Enculturated apes imitate rationally. *Developmental Science*, 10, 31–38.

Buttelmann, D., Carpenter, M., Call, J., & Tomasello, M. (2008). Rational tool use and tool choice in human infants and great apes. *Child Development*, 79, 609–626.

Call, J. (2004). Inferences about the location of food in the great apes (*Pan paniscus*, *Pan troglodytes*, *Gorilla gorilla*, and *Pongo pygmaeus*). *Journal of Comparative Psychology*, 118(2), 232–241.

Call, J. (2010). Do apes know that they could be wrong? *Animal Cognition*, 13(5), 689–700.

Call, J., & Carpenter, M. (2001). Do apes and children know what they have seen? *Animal Cognition*, 3(4), 207–220.

Call, J., Hare, B., Carpenter, M., & Tomasello, M. (2004). "Unwilling" versus "unable": Chimpanzees' understanding of human intentional action. *Developmental Science*, 7(4), 488–498.

Call, J., & Tomasello, M. (2007). The gestural repertoire of chimpanzees (*Pan troglodytes*). In J. Call & M. Tomasello (Eds.), *The gestural communication of apes and monkeys* (pp. 17–39). Mahwah, NJ: Lawrence Erlbaum Associates.

Carpenter, M., Nagell, K., & Tomasello, M. (1998). Social cognition, joint attention, and communicative competence from 9 to 15 months of age. *Monographs of the Society for Research in Child Development*, 63(4), i–174.

Cheney, D. L., & Seyfarth, R. M. (1991). Reading minds or reading behaviour? Tests for a theory of mind in monkeys. In A. Whiten (Ed.), *Natural theories of mind: Evolution, development and simulation of everyday mindreading* (pp. 175–194). Cambridge: Blackwell.

Chow, P., Leaver, L., Wang, M., & Lea, S. (2015). Serial reversal learning in grey squirrels: Learning efficiency as a function of learning and change of tactics. *Journal of Experimental Psychology: Animal Learning and Cognition*, 41, 343–353.

Chow, P. K. Y., Lea, S. E., de Ibarra, N. H., & Robert, T. (2019). Inhibitory control and memory in the search process for a modified problem in grey squirrels, *Sciurus carolinensis*. *Animal Cognition*, 22(5), 645–655.

Clark, A. (2015). *Surfing uncertainty. Prediction, action, and the embodied mind*. Oxford: Oxford University Press.

Collingwood, R. G. (1940). *Essay on metaphysics*. London: Oxford University Press.

Cooper, W., Pérez-Mellado, V., & Hawlena, D. (2007). Number, speeds, and approach paths of predators affect escape behavior by the Balearic lizard, *Podarcis lilfordi*. *Journal of Herpetology*, 41(2), 197–204.

Boehm, C. (1999). *Hierarchy in the forest: The evolution of egalitarian behavior*. Cambridge, MA: Harvard University Press.

Boesch, C. (1994). Cooperative hunting in wild chimpanzees. *Animal Behaviour*, 48(3), 653–667.

Bohn, M., Allritz, M., Call, J., & Völter, C. J. (2017). Information seeking about tool properties in great apes. *Scientific Reports*, 7(1), 1–6.

Bohn, M., Call, J., & Tomasello, M. (2016). The role of past interactions in great apes' communication about absent entities. *Journal of Comparative Psychology*, 130, 351–357.

Bonner, J. T. (1988). *The evolution of complexity by means of natural selection*. Princeton, NJ: Princeton University Press.

Boucherie, P. H., Loretto, M. C., Massen, J. J., & Bugnyar, T. (2019). What constitutes "social complexity" and "social intelligence" in birds? Lessons from ravens. *Behavioral Ecology and Sociobiology*, 73(1), 12.

Bowles, S., & Gintis, H. (2011). *A cooperative species: Human reciprocity and its evolution*. Princeton, NJ: Princeton University Press. ［サミュエル・ボウルズ、ハーバート・ギンタス『協力する種』竹澤正哲監訳、大槻久・高橋伸幸・稲葉美里・波多野礼佳訳、2017年、NTT出版］

Boyd, R., & Richerson, P. J. (1985). *Culture and the evolutionary process*. Chicago: University of Chicago Press.

Boyd, R., & Richerson, P. J. (2005). *The origin and evolution of cultures*. Oxford: Oxford University Press.

Bradley, B. (2020). *Darwin's psychology*. Oxford: Oxford University Press.

Bratman, M. (1987). *Intention, plans, and practical reason*. Cambridge, MA: Harvard University Press.

Bratman, M. (2014). *Shared agency: A planning theory of acting together*. New York: Oxford University Press.

Braver, T. S. (2012). The variable nature of cognitive control: A dual mechanisms framework. *Trends in Cognitive Sciences*, 16(2), 106–113.

Bray, E. E., MacLean, E. L., & Hare, B. A. (2014). Context specificity of inhibitory control in dogs. *Animal Cognition*, 17(1), 15–31.

Brown, R., Lau, H., & LeDoux, J. (2019). Understanding the higher-order approach to consciousness. *Trends in Cognitive Science*, 23, 754–768.

Bruner, J. S. (1973). Organization of early skilled action. *Child Development*, 44, 1–11.

Burghardt, G. M. (1966). Stimulus control of the prey attack response in naive garter snakes. *Psychonomic Science*, 4(1), 37–38.

参考文献

Allritz, M., Call, J., & Borkenau, P. (2015). How chimpanzees perform in a modified emotional Stroop task. *Animal Cognition*, 19, 1–15.

Amici, F., Aureli, F., & Call, J. (2008). Fission-fusion dynamics, behavioral flexibility, and inhibitory control in primates. *Current Biology*, 18(18), 1415–1419.

Aristotle. (1984). Politics. In J. Barnes (Ed.), *The complete works of Aristotle*. Princeton, NJ: Princeton University Press.［アリストテレス『政治学』三浦洋訳、2023年、光文社ほか］

Aron, A., Robbins, T., & Poldrack, R. (2014). Inhibition and the right inferior frontal cortex: One decade on. *Trends in Cognitive Science*, 18, 177–185.

Ashby, W. R. (1952). *Design for a brain*. London: Chapman and Hall.

Baker, C. L., Saxe, R., & Tenenbaum, J. B. (2009). Action understanding as inverse planning. *Cognition*, 113(3), 329–349.

Banich, M. T. (2009). Executive function: The search for an integrated account. *Current Directions in Psychological Science*, 18(2), 89–94.

Basile, B. M., Schroeder, G. R., Brown, E. K., Templer, V. L., & Hampton, R. R. (2015). Evaluation of seven hypotheses for metamemory performance in rhesus monkeys. *Journal of Experimental Psychology*: General, 144(1), 85.

Baumard, N., André, J. B., & Sperber, D. (2013). A mutualistic approach to morality: The evolution of fairness by partner choice. *Behavioral and Brain Sciences*, 36(1), 59–78.

Bechtel, W., & Bich, L. (2021). Grounding cognition: Heterarchical control mechanisms in biology. *Philosophical Transactions of the Royal Society B: Biological Sciences*, 376, 20190751.

Begun, D. R. (2003). Planet of the apes. *Scientific American*, 289(2), 74–83.

Berkman, E. T., Hutcherson, C. A., Livingston, J. L., Kahn, L. E., & Inzlicht, M. (2017). Self-control as value-based choice. *Current Directions in Psychological Science*, 26, 422–428.

Bermudez, J. (2003). *Thinking without words*. Oxford: Oxford University Press.

Blaser, R., & Ginchansky, R. (2012). Route selection by rats and humans in a navigational traveling salesman problem. *Animal Cognition*, 15, 239–250.

〈マ行〉

〈ヤ行〉

〈ラ・ワ行〉

〈サ行〉

索引

マイケル・トマセロ（Michael Tomasello）
デューク大学心理学・神経科学教授、マックス・プランク進化人類学研究所名誉所長。
著書に『トマセロ　進化・文化と発達心理学』（丸善出版）、『道徳の自然誌』『思考の自然誌』『コミュニケーションの起源を探る』『ヒトはなぜ協力するのか』（以上、勁草書房）などがある。

高橋洋（たかはし・ひろし）
翻訳家。訳書に、ダマシオ『進化の意外な順序』、ブルーム『反共感論』（以上、白揚社）、オサリバン『眠りつづける少女たち』、バレット『情動はこうしてつくられる』、（以上、紀伊國屋書店）、グリンカー『誰も正常ではない』（みすず書房）、メルシエ『人は簡単には騙されない』（青土社）ほか多数。

行為《こうい》主体性《しゅたいせい》の進化《しんか》
生物《せいぶつ》はいかに「意思《いし》」を獲得《かくとく》したのか

二〇二三年十一月 三十 日 第一版第一刷発行
二〇二四年 一 月二十二日 第一版第二刷発行

著　者　マイケル・トマセロ
訳　者　高橋《たかはし》　洋《ひろし》
発行者　中村幸慈
発行所　株式会社　白揚社　© 2023 in Japan by Hakuyosha
東京都千代田区神田駿河台一―七　郵便番号一〇一―〇〇六二
電話＝(03)五二八一―九七七二　振替〇〇一三〇―一―二五四〇〇
装　幀　吉野　愛
印刷所　株式会社　工友会印刷所
製本所　牧製本印刷株式会社

ISBN978-4-8269-0252-6